U0839554

AMERICAN CUSTOMER SATISFACTION INDEX

Claes Fornell 编著
刘 金 兰

如果会计核算将顾客满意度作为一种资产列入资产负债表，我们将对公司的现状和它的未来赢利能力之间的关系有一个更好的理解。

—Claes Fornell

# 顾客满意度与ACSI

天津大学出版社
TIANJIN UNIVERSITY PRESS

## 内容简介

顾客服务在商品交易中的地位日益重要，而且有愈演愈烈之势。这意味着企业要想与顾客建立一种长期的关系，就必须取悦它的顾客。本书内容翔实，深入浅出，无论是对专注于顾客满意度方面的理论研究者还是致力于改进顾客满意度的企业管理者都有重要的参考价值。对于政府相关部门制定中国顾客满意度指数也具有相当的借鉴意义。

本书第一篇从顾客满意度的基本理论入手，逐渐过渡到其应用和现实意义；第二篇系统介绍了美国顾客满意度指数的基础知识、建模方法、效果评价以及近一年来该指数的实际测量结果及其对现实社会经济的重要指导意义；第三篇为读者详细展示了美国顾客满意度指数对于企业战略的巨大指导意义，包括其与企业股东价值、股票价格、市场营销策略以及顾客资产管理的关系等，并对实施顾客满意度策略提出了一些建议。

**图书在版编目(CIP)数据**

顾客满意度与ACSI/刘金兰编著. —天津：天津大学出版社，2006.1
ISBN 7-5618-2245-6

Ⅰ.顾…　Ⅱ.刘…　Ⅲ.商业服务-服务质量-研究　Ⅳ.F718

中国版本图书馆CIP数据核字(2005)第160032号

**出版发行**　天津大学出版社
**出 版 人**　杨欢
**地　　址**　天津市卫津路92号天津大学内(邮编：300072)
**电　　话**　发行部：022—27403647　邮购部：022—27402742
**网　　址**　www.tjup.com
**短信网址**　发送“天大”至916088
**印　　刷**　昌黎太阳红彩色印刷有限责任公司
**经　　销**　全国各地新华书店
**开　　本**　170mm×240mm
**印　　张**　13
**字　　数**　285千
**版　　次**　2006年1月第1版
**印　　次**　2006年1月第1次
**印　　数**　1—6 000
**定　　价**　26.00元

# 前言

2003~2004年，本人作为富布莱特（Fulbright）高级研究学者，赴美国密歇根大学与Claes Fornell教授进行顾客满意度研究工作。在此期间，深入研究了国外顾客满意度的发展历史以及研究方法，深感顾客满意度对于一个国家和企业健康发展的重要性，而在中国对于这一研究尚在起步阶段，于是萌发了编写此书的想法。通过与Claes Fornell教授反复讨论，最终确定了本书的框架和内容，希望借此能把国外先进的顾客满意度测量理论和方法介绍给我国广大的研究工作者和企业人员。

随着经济行为由制造业和大规模生产向服务和信息业的不断转换，传统的经济理论和量度方法已很难对现代经济增长与人类自身发展的客观需求的匹配程度作出准确衡量，对于任何一个企业或国家来说，经济增长及其合理性已不仅仅取决于如何用较少的资源生产出更多的产品，而更多地依赖于这些资源产出的功能与品质满足需求者的程度。现代市场经济的本质含义是，企业存在并且相互竞争以满足顾客需求，即谁真正满足了顾客，谁就取得了成功。由于评价一国经济健康与否的关键因素归根结底不是我们生产或消费了多少产品，而是我们的经济在多大程度上满足了消费者。从这个意义上讲，顾客满意度决定了经济行为的意义。

Claes Fornell教授集多年研究成果，主持开发的美国顾客满意度指数（American Customer Satisfaction Index, ACSI）为顾客满意度的研究和测量提供了一个有效方法和途径。ACSI作为衡量国家经济产出质量的重要指标，已成为与消费品价格指数、失业率和通货膨胀率同等重要的经济指标。

本书对顾客满意度及美国顾客满意度指数进行了系统分析与介绍，旨在推动国内顾客满意度理论研究与实践，为学术界及企业界提供有益的借鉴。

本书特点如下。

第一，在写作风格上既强调方法及专业技术方面的严谨性，也兼顾语言和介绍方式上的通俗化，从而适合不同背景读者的需要。

第二，在写作内容上由理论到方法，再由方法到实践，由浅入深，以具体研究为例循序渐进，准确清楚地介绍了顾客满意度与满意度指数理念、ACSI建立方法和实际运行情况。

第三，本书并未仅仅停留在对理念的引入和方法的介绍上，而是结合ACSI实际运行数据，从顾客满意度与国民经济的关系、对企业营销战略的影响、对股东价值的影响、与股票价格的关系以及与市场份额的关系几方面介绍了如何制定基于顾客满意的经营战略，强调了顾客满意度对企业和国家的现实意义。

天津大学博士研究生康键，硕士研究生余颖、白寅参与了本书的编写，并做了大量工作；密歇根大学刘金云教授为本书的出版提供了很好的建议，在此一并表示真诚的感谢。

本书所涉及研究课题得到国家自然科学基金(70472064)资助。

刘金兰

2005年12月于天津大学

# 本书关键词

**ACSI：**American Customer Satisfaction Index，缩写ACSI，中文全称为美国顾客满意度指数。这是根据顾客对在美国本土购买、由美国国内企业提供或在美国市场上占有相当份额的国外企业提供的产品和服务质量的评价，通过建立模型计算而获得的一个指数。

**顾客满意度：**顾客在使用某种产品或享受某项服务以后，形成的满意或不满意的态度。包括某种特定交易的顾客满意度和累积的顾客满意度。

**感知质量：**从顾客的角度出发，对企业的产品或服务质量的一种全面判断。

**顾客期望：**顾客利用过去经验性或非经验性的信息对企业未来所提供产品或服务的质量进行的判断与预测。

**顾客忠诚：**顾客对某种品牌的产品持有肯定态度的程度、承诺的程度以及愿意在未来继续购买的程度。

**顾客抱怨**：顾客对企业不满的一种表达，希望以此使企业改变经营方式、提高产品或服务质量，并且寻求获得某种形式的补偿，本质上是一种希望改变的意愿。

**顾客转移壁垒**：顾客从一个供应商（卖主、商店等）转移到另一个供应商（卖主、商店等）需要付出的成本。

**顾客资产**：所有顾客终身价值折现现值的总和。

**标准化质量**：即无缺陷的质量，指顾客能感受到的产品的设计、特性、质量和服务的可靠程度。

**定制化质量**：产品或服务的属性和特点能够满足顾客需求的程度。

**市场份额**：在某一特定产品的市场细分中所占的比例，是反映企业赢利能力与市场竞争地位的指标。

**股票价值**：未来能够领取的全部股息加以资本还原的折现值之和。

**国内生产总值（GDP）**：一个国家或地区在一定时期内生产的所有商品和提供的所有劳务的价值总和。

# 目录

## 第三篇　基于顾客满意度的企业战略研究

# 第一篇

# 顾客满意度理念

米切尔（Mitchell）/理查德（Richards）服装店始建于1958年，是美国康涅狄格州利润颇丰的高档服装企业。销售额从最初的每年5万美元激增至2004年的6 500万美元，即使在几年前“服装业走入了黑洞”阴影的情况下，米切尔公司仍然保持了较高的销售额。在只有28 000人的小镇韦斯特波特和邻近的约有60 000人的格林尼治镇实现这样的销售业绩，大约每两户人家就有一家是他们的客户，这不能不令人激动。在美国同等规模的高档服装店中，米切尔公司如果不是最最成功的，也是其中最成功者之一。那么，是什么让米切尔服装店获得了如此巨大的成功呢？

答案就在于米切尔家族独特的销售理念——拥抱顾客。

杰克·米切尔（Jack Mitchell）作为服装店现任首席执行官，清楚地了解他的前1 000位客户。他了解每年在服装店花费25万、10万及2万美元的客户，甚至一些每年花费5 000美元的客户，也都在他的掌握之中。他的客户包括像通用电气（GE）、国际商用机器（IBM）、可口可乐（CocaCola）、百事（Pepsi）、吉列（Gillette）、雷曼兄弟（Lehman Brothers）、施乐（Xerox）等许多知名公司的500多位首席执行官和高级主管，以及在这些公司工作的成千上万的管理人员。杰克·米切尔懂得如何吸引客户和留住客户。他个性化地对待每一位客户的需求，用善意的问候和微笑拥抱每一位客户。同时他有一套看似简单但却能出奇制胜的客户服务办法，那就是把顾客满意视为每一笔交易的重中之重，并将“提供让顾客超级满意和感动的个性化服务”作为其“拥抱顾客”理念的基础。

米切尔服装店的成功无疑向我们展示了顾客满意的惊人魅力，它可以帮助我们的企业在生意场上立于不败之地。香奈尔（Chanel）、迪奥（Christian Dior）等世界著名的服装品牌同米切尔服装店一样，拥有着独特的顾客资源，这些为他们带来了丰厚的收益。

让我们跳出服装行业，放眼全球的各行各业，同样有许多企业正在享受着顾客满意为他们带来的成功与喜悦，如美国电话电报公司（AT&T）、日本本田汽车公司、IBM、摩托罗拉（Motorola）等。

如果你也想成为顾客满意的受益者，那么就跟随我们一起来解开顾客满意的密码吧！

# 第1章

# 走近顾客满意度

过去几十年中，顾客服务在商品交易中的地位日显重要，而且有愈演愈烈之势。这意味着企业要想与顾客建立一种长期的关系，就必须取悦它的顾客。为了留住顾客，企业通常会千方百计地满足顾客的各种需要，如提供个性化的产品和服务等。从企业管理角度来审视这种现象，可以得出这种结论：顾客满意度的理念已逐步渗透到企业内部，在企业战略构成中占据着举足轻重的地位。在大多数发达国家中，企业均面临着经济增长缓慢、市场日趋成熟和国际竞争不断加剧的局面，这些情况使顾客变成一种日益稀缺的资源，并成为企业积极争夺的对象。对于许多企业来说，由于产品的成本结构限制，低价策略已不再具有竞争力，于是追求顾客满意成为一种越来越具有吸引力的营销策略。

下面就让我们先从顾客满意度的几个相关概念入手，走进顾客满意度。

## 1.1 顾客满意度的微观经济意义

### 1.1.1 顾客满意度

一般而言，顾客满意度是顾客在使用某种产品或享受某项服务以后，形成的满意或不满意的态度。顾客满意度具有两种不同的概念，即某种特定交易的顾客满意度和累积的顾客满意度。从某种特定交易的角度来看，顾客满意度是对某次交易的事后评价，可以提供关于特定产品或服务的评价信息；相比较而言，累积的顾客满意度是对不同时间段的产品与服务的总体购买和消费情况的评价，是关于企业过去、现在和未来业绩的一个基础性评价指标。累积的顾客满意度以顾客满意度和经济回报之间的联系为焦点，是驱使企业在提高顾客满意度方面投资的主要动力。因此，从累积的顾客满意度的角度来研究顾客满意度的基本理论更具现实意义。

实证研究表明累积的顾客满意度具有较强的滞后效应。瑞典顾客满意度测评指数显示，顾客满意度在$t-1$时刻每变化1%，将使顾客满意度在$t$时刻改变0.44%。这些数据说明，如果前期顾客的满意度高，则当期或未来的顾客满意度也高，但质量变化（引起顾客满意度变化的原因）在短期对顾客满意度影响较弱。顾客满意度具有较强的滞后效应，意味着顾客满意度的提高不是短期行为，而是需要付出长期的努力。

### 1.1.2 感知质量

感知质量是决定顾客满意与否的一个重要因素，也是探索顾客满意度的一条重要线索。感知质量是从顾客的角度出发，对企业的产品或服务质量的一种全面判断。感知质量的评价标准不同于普通意义上的质量，其好坏取决于在一定范围内，企业所提供的产品或服务与顾客所期望的产品或服务之间的差距。感知质量可以通过3个变量来测量，即整体质量、可靠性、产品或服务能满足顾客需求的程度。感知质量对顾客满意度具有极其重要的影响。

## 1.1.3　顾客期望

顾客期望作为探索顾客满意度的另一条线索，同样影响着顾客满意程度。顾客期望是顾客利用过去经验性或非经验性的信息对企业未来所提供产品或服务的质量进行的判断与预测。这种期望是基于其消费经验和对企业行为的逐步了解建立起来的，因此它既是对产品未来质量情况的预测，同时也是对现在及过去总体质量情况的反映。从总体上分析，顾客期望是对某个企业所提供的产品和服务质量的累积认识，其所包含的信息不是以实际消费经历为基础，而是从外部资源中获得的关于质量的累积性信息，如广告、口碑和媒体评价。

## 1.1.4　感知质量与顾客满意度

从表面看来，感知质量和顾客满意度都是顾客对产品或服务的评价性指标，但感知质量与顾客满意度存在着本质区别：首先，顾客满意度是在顾客使用产品或接受服务之后作出的事后评价，而对于质量的感知不需要实际消费经历，即可作出事前判断；其次，长期以来，人们认为顾客满意度取决于价值，其中价值是指感知质量与价格之比，或是收益与成本之比，因此，顾客满意度在一定程度上也依赖于价格，而产品和服务的质量是产品本身的固有属性，通常不取决于价格；再次，感知质量是顾客对产品和服务的当前判断，而顾客满意度不仅基于当前判断，还包括对实际使用情况的评价，甚至包括对产品和服务的未来期望。

大量实际消费经验表明，感知质量是决定顾客是否满意的一个重要前期因素。感知质量对整体的顾客满意度有正向影响，这种观点在所有的经济活动中都是成立的。

### 1.1.5 顾客期望与顾客满意度

在研究顾客期望对顾客满意度的影响时，美国汽车行业是其中一个有趣的例子。底特律（Detroit）汽车在19世纪70年代声誉大大受损，而且直到80年代仍然无法摆脱这种阴影。关于过去消费情况的负面信息通过顾客、媒体被广泛地散布出去，因而降低了顾客对其产品与服务的整体期望。80年代末期顾客满意度进一步降低，其原因不仅包括70年代和80年代顾客不愉快的消费经历，还包含顾客对质量期望的降低。另外一个例子就是水星（Mercury）和马自达323（Mazda323）汽车，这两款汽车在性能和质量上均比较相似，但由于顾客对Mazda汽车的期望较高，因此对其可靠性、耐用性、服务情况及其他条件更为满意。这些例子表明，企业与其主要顾客之间的现有关系将影响到与顾客的长远关系，顾客对未来质量的期望将影响到顾客满意度与顾客保持，增加顾客期望能提高累积的顾客满意度，而不是当前的顾客满意度。

顾客期望具有至关重要的预测功能。顾客满意度既取决于生产商能否持续满足顾客的需要，同时也取决于顾客对未来产品质量的预测。顾客期望对顾客满意度有正向影响，期望既能准确地反映企业的声望，同时也能反映企业未来的生存能力。

此外，顾客期望具有调节性。顾客在$t-1$时段的消费经历将对$t$时刻产品质量的顾客期望产生正向影响。顾客可能根据过去的消费经验和非经验性信息来不断更新对产品质量的期望。期望更新效果的大小依赖于生产与消费双重因素。从生产角度考虑，质量发生重大变化都会在更新效果中得以反映。如技术创新和变革都会迫使顾客期望随之发生改变，相反，如果产品质量相对稳定，期望的更新效果将不显著。从消费角度考虑，产品或服务市场的不确定程度能影响更新系数的大小。如在对某种产品不熟悉、不了解的消费群体中，顾客期望的更新效果会很明显；相对于老顾客，新顾客的加入将使购买频率、市场变革策略和社会统计因素产生变动，进而影响更新系数的大小。在成熟市场中，期望更新效果相对较小，因为顾客可能有丰富的质量认知经验，这表明期望的更新效果将不明显，也就是说相对于产品的历史信息而言，通过市场获取的关于产品近期质量的信息显得无足轻重。因此，针对企业所处的不同环境，我们可以根据顾客期望的调节性，从生产和消费两个方面采取不同的策略对顾客期望进行正确引导。

通过对瑞典顾客满意度指数的研究发现，顾客期望每变化一个百分点，顾客满意度会同方向变化0.1%。这种变化充分说明顾客期望对顾客满意度的影响是正向的，但期望的调节速度很缓慢。同时，通过研究还发现期望在短期内提高可能导致顾客满意度急剧下降，也就是说，通过过分夸大承诺来提高顾客期望，对企业是极其不利的，只有通过改进产品或服务质量来提高顾客期望才是对企业真正有益的。

### 1.1.6　感知质量、顾客期望与顾客满意度

顾客满意度受到感知质量和顾客期望的正向影响。顾客满意度的测量是一个累积的过程，在时刻$t$，顾客满意度

受到感知质量、价格、顾客期望以及随机因素的影响，其中顾客期望将受到历史期望和近期销售产品的质量状况的正向影响。时刻$t$顾客期望对整体顾客满意度的影响既依赖于对$t+1$，$t+2$，……时刻质量情况的预测，也是对$t-1$，$t-2$，……时刻质量情况的反映，因此顾客满意度是关于产品过去、现在、未来情况的一个函数，它反映了感知质量或产品价值随时间变化的情况，以及对未来质量情况的预测。为了更透彻地阐明感知质量、顾客期望和顾客满意度的关系，用数学语言表述如下：

$$EXP_t = f_1(EXP_{t-1}, QUAL_{t-1}, \tau_{1t})$$

$$SAT_t = f_2(QUAL_t, p_t, EXP_t, \tau_{2t})$$

式中：$\tau_{it}$——第$i$个函数$f_i$对应的其他因素项（如环境趋势、公司特有因素、误差），$i$=1,2；

$EXP$——顾客期望；

$SAT$——顾客满意度；

$P$——价格；

$QUAL$——质量。

如果当期的感知质量和顾客期望都对顾客满意度有正向影响，那么哪种影响更强呢？答案是前者。主要有以下几点原因。

首先，在决定顾客满意度方面，当期消费体验比过去消费经验更具有显著性和优先性，产品和服务的实际消费体验信息比其他信息更为重要。

其次，在研究中，感知质量作为一种相对于价格的质量被测量，包括了一些附加信息，而顾客期望不包括附加信息。

再次，在连续性消费行为（如对耐用品、服务和重复购买的包装食品的消费）中，顾客十分了解质量变化的趋势及其变化程度，在这种情况下，期望是被动的，对顾客满意度的影响很小。在相对成熟和稳定的市场里，顾客期望就像一面镜子，真实地反映了产品或服务目前的质量状况。顾客期望对顾客满意度的贡献将集中在对质量的预测上，而对整体顾客满意度的作用并不明显，除非产品质量具有很强的不确定性。

最后，在一个成熟的竞争市场里，如果顾客期望太低，企业就无法吸引顾客，因而不能发展新的销售机会；如果期望过高，顾客购买后会对产品不满意，转而去购买竞争对手的产品，这样重复下去会严重影响企业业绩。因此，应尽量缩小感知质量与顾客期望的差距。由于感知质量与顾客期望之间的差距可能使顾客期望对顾客满意度产生间接的负面影响，而同时顾客期望对顾客满意度又存在直接的正面影响，只有后者的影响更强，才能使顾客期望对顾客满意度产生正向影响。

## 1.2 顾客满意度的宏观经济意义

世界经济正发生着日新月异的变化，随着经济行为由制造业和大规模生产向服务和信息交换业的大举转变，现代经济已难以用传统的经济理论和量度方法来衡量。对于任何一个企业或国家来说，经济增长已不仅仅是如何用较少的资源生产出更多的产品的问题，而是如何将供给和日益增长的不同种类的需求相匹配的问题。人们的生产和消费更关注产品和服务的质量，注重不同的产品和服务之间的差异性。那么如何判断某种经济体制是否运行良好？事实上，很难明确地回答这个问题。生活水平和经济增长既要依赖于经济资源的生产率，同时也取决于这些资源的产出质量。

现代经济，无论在理论上还是测评方法上，无论是国家的经济还是企业的经济，都发生了很大的变化。不难发现，现在所依赖的测评企业及国家经济绩效的方法与标准已经无法准确地衡量出经济产出的质量。例如，在当今的经济环境中，服务和信息技术产业扮演着重要角色。这个变化暗示着现代经济比以往更注重无形资产，即知识、顾客关系等（见图1-1）。股东财富的构筑已不仅仅依赖于有形资产，在很大程度上还取决于无形资产。对于国家资产也是同样的道理。

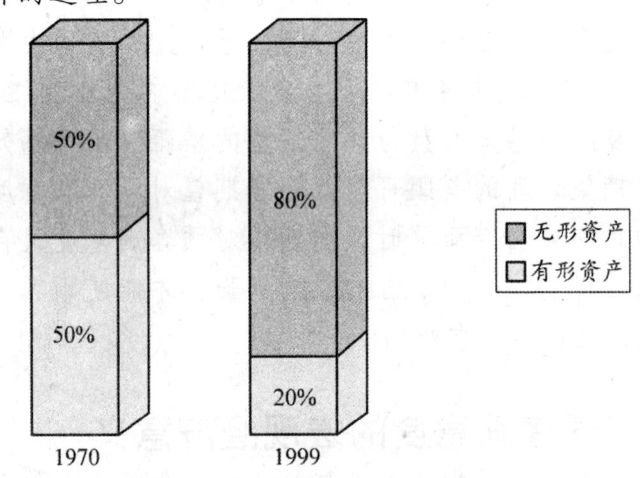


**图1-1　1970年和1999年有形与无形资产价值比例情况**

资料来源：商业周刊，1999.3.8

因此，如果我们继续采用诸如煤炭产量、运输费用、纺织或者生铁产量等这样的指标对经济状况作出评价，情况就会变得很糟糕。例如，在1999年初，美国股票市场创下了历史新高，道·琼斯指数超过了11 000点，失业率降至历史最低点，几乎没有通货膨胀。媒体和很多经济学家都认为美国正处于经济强势增长的阶段。然而，现实问题是，情况是否真正好起来了呢？消费者真正的体验又是如何？经济学家和政府选择的一些指标是否和人们对经济状况的感觉一致？一项数据测评和其后的数据统计揭示出美国经济的另一种情景。

- 1997年和1998年总体收入增长远远低于前两年，其中1998年是负增长。
- 1995年和1996年收入增长的主要原因是成本的降低而不是国家收入的增加。
- 1999年贸易赤字达到历史新高并且仍在增加。
- 在过去的15年，工资水平停滞不前（尽管1997年和1998年工资有小幅增加）。
- 1998年股票市场资金与GDP的比率大约为150%（历史平均水平是48%；1929年股票市场垮台前的比率是82%）。
- 消费贷款和商业贷款很高且在增长。
- 尽管产生了很多新的工作机会，但70%的失业者得到的新工作较以前报酬低。
- 破产银行数目很高并且还在增加。
- 工人缺勤率达到历史最高水平。
- 家庭储蓄为负。

并且，很多工人觉得工作没有保障，顾客满意度水平较五年前低。情况似乎与经济学家们预测的截然相反。人们不禁会产生疑问：生产力提高了，经济是否一定会增长？股票市场是否更为活跃？顾客是否得到了更大的满意？市场经济背后的基本理论是，企业存在并且相互竞争以满足顾客需求，投资者会聚集到期望值高的企业。在市场经济中，供应商们为了买家而竞争，谁满足了顾客，谁就取得了成功。某种程度上，顾客满意度决定了经济行为的意义，因为评价一国经济健康与否的关键因素归根结底不是我们生产或消费了多少产品，而是我们的经济在多大程度上满足了消费者。

与其他经济目标（如就业率和增长速度）一样，产品质量是生活水平和国民竞争力资源的一部分，应该由系统的、统一的标准进行评测。这就是国家顾客满意度指数存在的必要性。顾客满意度指数类似于生产力指标，也是对经济效果的测量，不同的是生产力是关于产出数量的测量，而顾客满意度是针对质量（从顾客的角度）的测量。很明显，任何一个国家都希望经济产出的数量和质量同时得到提高，但是由于一些因素（如人工因素）的限制提高质量是有代价的，一方面的收益可能带来另一方面的损失。但是如果生产力的缓慢增长能被质量的提高所弥补，这也未必是不利的，而且看起来也是合理的。如根据联合国经济与合作发展组织（OECD）生产力指标排序，日本和前联邦德国都在发达国家的平均生产力水平之下，但实际上他们都是商业发展平衡、经济实力强、产品质量声誉良好的国家。所以顾客满意度可以作为生产力指标的有益补充，能更精确地描绘经济产出的质量，对国家经济产出的状况作出更为准确而全面的判断，为经济政策的制定提供有力依据。另外，如果不考虑经济质量，产量指标以及价格指标都不能得到适当的校准。

没有准确而可行的标准是很难执行经济政策的，顾客满意度无论在宏观还是微观层面上对于传统经济测量都具有很重要的价值。因为它来源于消费数据（而不是产出），更能体现出未来的利润。顾客满意会带来更大的顾客忠诚，通过提高顾客忠诚度会降低未来交易的成本、降低价格弹性并且将由于产品或服务质量问题造成的顾客背叛的可能性缩至最小。理论分析以及实际情况都表明，企业或国家创造出较高质量的产品或服务，同样享受较高的经济回报。

# 第2章

# 从顾客满意到顾客忠诚

顾客忠诚度可以定义为顾客对某种品牌的产品持有肯定态度的程度、承诺的程度以及愿意在未来继续购买的程度。忠诚的顾客不仅对产品满意并且对其有持续的偏好，而且当他们面对竞争者提供诱人的机会时会是个“坚定的防御者”，因此顾客忠诚是企业追求的完美目标。

忠诚度会受到长期累积的满意程度的直接影响。那么顾客满意一定会带来顾客忠诚吗？许多企业在将顾客满意转变成顾客忠诚的努力中宣告失败，于是产生了“顾客满意度陷阱”的概念。事实上，虽然顾客满意度与忠诚度是有联系的，但这种关系却是非对称的。因为在实际营销过程中，存在许多形成忠诚的障碍，如消费者特性（差异寻求以及对多个品牌忠诚）、转移刺激（竞争者通过有吸引力的广告和刺激手段吸引消费者）等等。

无论形成忠诚的障碍如何，有一点毫无疑问：只有满意的顾客才有可能成为忠诚的顾客，顾客满意是获得顾客忠诚的一条必由之路（垄断情况除外）。如果将顾客满意度视为一个暂时相对被动的状态，最紧要的问题是如何使这种短暂的状态变成长期的忠诚。首先让我们从分析顾客满意与顾客忠诚的关系入手，然后再来寻求获得顾客忠诚的途径。

## 2.1 顾客满意与顾客忠诚

企业要想在竞争中立于不败之地，最重要的是要拥有一批忠诚顾客。一个忠诚的顾客会对产品、品牌乃至企业保持忠诚，从而给企业带来有形和无形的双重利益：一方面，顾客通过重复购买增加企业赢利；另一方面，顾客的口头传播又可以扩大产品知名度、提升企业形象。毫无疑问，企业实际上追求的是忠诚顾客的价值。忠诚顾客通常对产品是极为满意的，高度的满意能从感情上培养顾客对品牌的依赖感，而不仅仅是一种理性的偏好。

实际上，顾客满意是顾客需求被满足后的愉悦感，是一种心理活动；而忠诚顾客所表现出来的却是一种购买行为，并且是有目的性的、经过思考而决定的购买行为。但经调查证明：顾客满意度和购买行为之间并不一定具有正相关关系。据《哈佛商业评论》报告显示，在对某种商品满意的顾客中，仍有65%～85%的顾客会选择新的替代品。

顾客满意与顾客忠诚之间究竟有何联系？长期以来，人们普遍认为顾客满意与顾客忠诚之间的关系是简单的、近似线性的关系，即顾客忠诚的可能性随着其满意程度的提高而增加。但事实并非如此。那么顾客满意达到何种程度才能引起顾客忠诚呢？从心理学角度来看，有5种情绪可以用“满意”来形容：

①满足，指产品可以接受或容忍；

②愉快，指产品带给人以积极、快乐的体验；

③解脱，指产品解除了人们的消极状态；

④新奇，指产品带给人以新鲜和兴奋的感觉；

⑤惊喜，指产品令人出乎意料地高兴。

由此可见，声称满意的顾客，其满意的水平和原因可能是大相径庭的。其中有些顾客会对产品产生高度的满意，如惊喜的感受，并再次购买，从而表现出忠诚行为。而大部分顾客所经历的满意程度，则不足以产生这种效果。因此，顾客满意先于顾客忠诚并且有可能直接引起忠诚，但是并不必然如此。只有高度满意才能赢得顾客忠诚，这是二者之间最根本的关系。

顾客满意与顾客忠诚的关系在不同的竞争环境下是有差别的。美国学者Thomas Jones和W.Earl Sasser的研究结果表明，二者的关系会受到行业竞争状况的影响。如图2-1

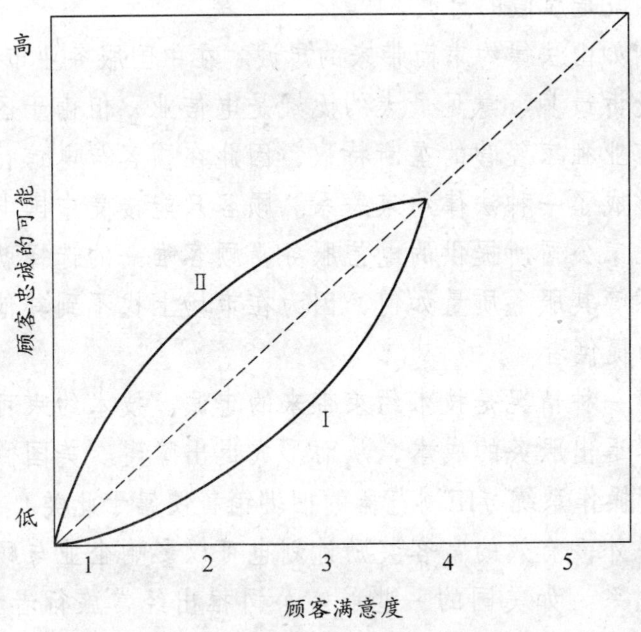


**图2-1　顾客满意与顾客忠诚**

所示，虚线左上方表示低度竞争区，虚线右下方表示高度竞争区，曲线Ⅰ和曲线Ⅱ分别表示高度竞争的行业和低度竞争的行业中顾客满意度与顾客忠诚度的关系。

如曲线Ⅰ所示，在高度竞争的行业中，完全满意的顾客远比满意的顾客忠诚。在曲线右端，只要顾客满意程度稍稍下降一点，顾客忠诚度就会急剧下降。这表明，要培养顾客忠诚感，企业必须尽力使顾客完全满意。如果顾客未遇到产品和服务问题，接受调查时他们会感到很难作出不好的评价，而会表示满意。但是，如果企业的产品和服务过于一般，并未让顾客感到获得了较高的消费价值，就不易吸引顾客再次购买。在低度竞争的行业中，如曲线Ⅱ所示，顾客满意程度对顾客忠诚度的影响较小。但这是一种假象，限制竞争的障碍消除之后，曲线Ⅱ很快就会变得与曲线Ⅰ一样。因为在低度竞争情况下，不满的顾客很难转移，他们不得不继续购买企业的产品和服务。这种表面上的忠诚是虚假的忠诚。

例如由法律约束而带来的忠诚。在中国服务业市场上，顾客投诉最多、意见最大的无疑是电信业，但由于国家赋予电信业独家经营的垄断特权，因此在顾客与电信行业之间就形成了一种法律约束关系。顾客只能接受中国电信等少数几家公司所提供的电信服务，顾客唯一的选择就是忠诚，不管其服务质量如何，因为在市场上找不到其他相同服务的提供者。

另一种情况是技术约束带来的忠诚。技术约束可以增加顾客退出服务的成本，从而形成退出障碍。美国微软公司视窗操作系统与IE浏览器的捆绑销售便属于此类。

另外，有效的常客奖励计划也可以影响企业与顾客之间的关系。如美国的一些航空公司推出经常旅行者计划，给予常客奖励，刺激他们更多地乘坐该航空公司的航班。

由于种种约束条件的存在使得顾客虽不愿意与企业建立关系，却无法离开企业，如果这些约束被解除了，那么顾客流失的概率就可能增加。因此处于低度竞争情况下的企业应居安思危，努力提高顾客满意程度，否则一旦竞争加剧，顾客大量流失，企业就会陷入困境。

## 2.2　实现顾客满意到顾客忠诚的跨越

### 2.2.1　关注顾客抱怨

留住顾客最基本的方式是使他们满意，这是真理。然而，所有的企业都不能做到时刻令所有顾客都达到百分之百满意，总有一些顾客由于各种原因会感到不满意。顾客的不满意会通过两种行为即“退出”和“抱怨”来反馈。“退出”指顾客停止从该企业购买产品，本质上是一种对讨厌事物的摆脱；“抱怨”是顾客对企业不满的一种表达，是顾客的一种努力，希望以此使企业改变经营方式，提高产品或服务质量，并且寻求获得某种形式的补偿，本质上是一种希望改变的意愿。

让我们换一个角度来看待这些抱怨的顾客。事实上他们都是对该企业期望较高的顾客，即使存在不满之处，但仍然抱有改变的希望，不愿意马上离弃。这种对企业产品的信任绝非一朝一夕形成，而是长期积累所致，是成为忠诚顾客的一个重要源泉。如果企业关注这些抱怨的顾客，满足其渴望改变的意愿，把不满意变为满意，这些顾客将更容易对企业产生好感，从而将信任转化为一种长期的忠诚。因此关注顾客抱怨是实现从满意到忠诚的有效之路。据调查统计，在个人计算机、服装、报纸等产品销售领域以及零售（尤其是铁路零售）和超级市场等领域中，企业在将抱怨顾客转变成忠诚顾客方面已取得了很大的成功。

关注顾客抱怨的目的就是要把不满意的顾客转变为忠诚顾客。企业应该鼓励顾客抱怨，通过解决所抱怨的问题来改善经营状况。如果企业能成功地做到这些，那么顾客保持率将会提高，收入也会随之增加。相反，如果对顾客抱怨处理不当，抱怨问题长期得不到解决，将使顾客对企业失去信心，更倾向于离开企业。更进一步，如果抱怨被长期累积下来，企业对抱怨作出反应的概率就会减小，最终形成“顾客抱怨恶性循环”，将导致企业运转的紊乱。

经验证据表明，关注顾客抱怨不但可以使顾客更加忠诚，且更具有价值，而且对顾客抱怨进行慷慨的补偿能使企业获得良好的口碑和无法预测的经济效益。即使给顾客抱怨的补偿高于产品利润，也是有利可图的。因为资料显示，吸引一个新顾客的成本是保持一个满意的老顾客成本的5倍，因此，只把目光放在眼前利益上是不利的。另外，关注顾客抱怨能够成为企业进行产品设计或质量控制的有效动力。

### 2.2.2 营造顾客满意比构建顾客转移壁垒更行之有效

一般情况下，企业的商业策略有两种，如图2-2所示：进攻策略和防御策略。其中进攻策略有两种基本形式：①以市场扩张来获得新顾客；②在损害竞争对手的情况下提高市场份额。原则上，防御策略也有两种基本形式：①构建顾客转移壁垒；②提高顾客满意度。

转移壁垒策略是指顾客要想转移到另一个供应商（卖主、商店等），需要付出一定的成本。相反，顾客满意策略是指竞争者吸引本企业一个顾客需要付出的代价。二者均是企业留住顾客的手段，但在本质上有区别。转移壁垒策略是针对顾客的，其制约的目标是顾客，要想跨越壁垒，

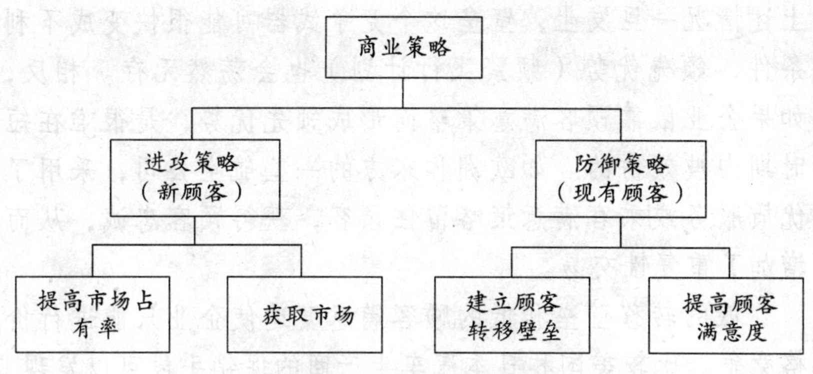


**图2-2　企业商业策略**

顾客需要付出代价；而顾客满意策略的防御目标是竞争者，要想掠夺顾客资源，竞争者需要付出代价。

留下的顾客一定是忠诚的吗？显然不是。迫于转移壁垒而留下的顾客大多处于一种被动状态，是由于各种转移障碍不得不留下，一旦有机会他们很可能会马上转移为其他品牌的顾客。因此由于转移壁垒的存在而留下的顾客是不可靠的，不能称之为忠诚。相反，顾客由于满意而留下是一种主动行为，是出于对产品信任的心理，因此这是一种更可靠的忠诚。

若企业采用第一种防御策略，则要增加顾客转移难度、转移成本，甚至迫使其转移行为违法，垄断企业就是一个例子。除此以外也可通过提高交易成本、学习成本、感情成本和折扣等方法建立转移壁垒。但使用顾客壁垒策略存在两个重要问题。第一，如果顾客在购买时知道转移壁垒的存在，那么顾客有可能会放弃购买，转移壁垒就成了实施进攻战略的障碍。尤其在产品投放市场初期，转移壁垒将为产品的最初销售带来许多困难。而顾客满意策略则不存在这些问题，高的顾客满意度是抢占市场的资本。第二，转移壁垒容易被移除。例如，在航空业中，航班安排得密集是很容易效仿的，某些公司的垄断局面很可能被打破。

上述情况一旦发生，壁垒这个竞争武器可能很快变成不利条件，领先优势（频繁飞行计划）也会荡然无存。相反，如果企业依靠顾客满意策略而形成领先优势，是很难在短时期内被效仿的。如欧洲和东方的一些航空公司，采用了优质服务或乘客满意策略留住顾客，获得顾客忠诚，从而增加了重复性交易。

低的转移壁垒和低的顾客满意度迫使企业只能进行价格竞争。比较美国和日本汽车生产商的促销手段可以发现，美国公司通常依靠促销扩大销售量，而日本公司则采用提高质量和顾客满意度来增加销量。毕竟，促销意味着（暂时的）降价和边际利润递减，但如果质量和顾客满意度提高，边际效应通常是正的，因此几乎不需要采取降价促销的方法。

综合来看，营造顾客满意是一种比打造转换壁垒更行之有效的方法。从长远来看，营造顾客满意更有利于一个企业的长远利益。但这并不意味着放弃构建转移壁垒，在很多情况下，需要二者共同使用，相辅相成。

# 第3章

# 从顾客满意中受益

顾客满意究竟能为企业带来什么，这是众多企业管理者最为关心的问题。不同研究表明，顾客满意可以增加重复交易，降低未来交易成本，降低价格弹性，使顾客流失率降至最低，降低有缺陷产品和服务的相关成本，如保修、现场服务、返工、更换和处理投诉等。同时，通过满意顾客的宣传可以降低吸引新顾客的成本，并提高企业的整体声誉。以上种种，归根到底都会使企业获得更高的经济效益。换句话说，顾客满意将是企业利润增长的有力保证。那么企业如何才能真正从顾客满意中受益呢？首先让我们对顾客满意与利润率的关系进行深入分析，然后再来研究如何从中受益的问题。

## 3.1 顾客满意驱动了利润率增长

顾客满意对于利润率会产生正向的影响。在时间$t$利润率受顾客满意度及其他因素的正向影响，其关系用数学语言可表述如下：

$$PRO_t = f(SAT_t, \tau_t)$$

式中：$\tau_t$——其他因素项（如环境趋势、公司特有因素、误差）；

$SAT$——顾客满意度；

$PRO$——利润率。

顾客满意度是如何驱动利润率增长的呢？首先来考虑高的顾客满意度能为一个企业带来的价值：

①提高现有顾客的忠诚度，留住顾客；

②降低价格弹性；

③降低未来交易成本；

④降低失败成本；

⑤降低吸引新顾客的成本；

⑥提高公司声望。

那么这些价值又是如何在利润中得以体现的呢？下文将一一作答。

### 3.1.1 高的顾客满意度能够提高顾客忠诚度

忠诚的顾客会长期从同一供应商那里购买产品。设想3个同事都有在邻近的一家餐馆就餐的习惯，如果每人一顿饭的平均价格是6美元，3个人每星期光顾这家餐馆3次，那么一年中这家餐馆可以从这3个忠诚顾客那里获取的收入是2 700美元。100个这样的忠诚顾客一年将带来90 000美元的收入。在接下来的5年里，即使他们不向潜在顾客推荐这家餐馆，也将为这家餐馆带来近50万美元的收入。顾客边际期望的净现值反映了餐馆拥有的顾客资产价值。顾客满意度的提高相应地提高了公司的顾客价值和利润率。

### 3.1.2　高的顾客满意度能够降低现有的价格弹性

满意的顾客更愿意为他们得到的产品或服务支付成本，而且他们更有可能承受价格的上涨，这意味着他们为企业带来了高利润率和顾客忠诚。相反，如果顾客不满意，可能导致原有顾客大量流失，转换成本增加，并且企业由于很难吸引那些竞争对手的忠实顾客，使顾客获得的成本增加。因此价格弹性的降低能增加利润，利润的增加又会促使企业提供更优质的产品和服务，顾客满意度进一步提高，从而形成良性循环。

### 3.1.3　高的顾客满意度能够降低未来交易成本

如果企业的顾客保持率比较高，那么不需要每个时期都花费很多资源去获得新的顾客。满意的顾客可能更频繁而大量地购买，而且有可能购买企业的其他产品和服务，增加了企业的利润，从而降低了未来交易成本。

### 3.1.4　高顾客满意度的产品和服务可以减少失败成本

顾客满意度高的企业将投入较少的资源去处理退货、不合格品的返工和处理顾客抱怨等问题，从而减少失败成本，进而可以提高利润率。

### 3.1.5　高的顾客满意度能够降低吸引新顾客的成本

满意的顾客愿意传播正面的信息，不会为公司带来负面影响。媒体也愿意把这种正面的信息传递给潜在的消费者。顾客满意能使广告效果更好，能够保证公司更具吸引力。

### 3.1.6 高的顾客满意度能塑造企业的良好声望

企业良好的声望（如商誉）能够帮助企业在新产品刚入市时，就被顾客迅速接受，降低消费者的购买风险，同时也有利于建立和保持与供应商、分销商和潜在销售同盟之间的关系。良好的声望具有光环效应，能引导顾客对企业作出正确和有益的评价，并且对短期股票市场产生正面影响。

为了更有力地说明顾客满意产生对利润率的驱动作用，以一个具有5年规划水平的代表性企业为例。假设该企业在未来5年中，每一年顾客满意度都提高一个百分点（累积提高5%），第1年的ROI（投资回报率）为样本的平均值10.83%，利用瑞典的经验数据进行推算，ROI在接下来的5年内分别增加0.07%、0.18%、0.33%、0.51%和0.71%。假定这个代表性企业资产为6亿美元（按样本均值推算），以10%为贴现率，可计算出利润增长的净现值。如图3-1所示，计算结果表明在接下来的5年中，利润分别增加了35.7万美元、88.8万美元、148.7万美元、209万美元和266万美元。累积利润增加了748.2万美元，相对于当期ROI为11.5%。

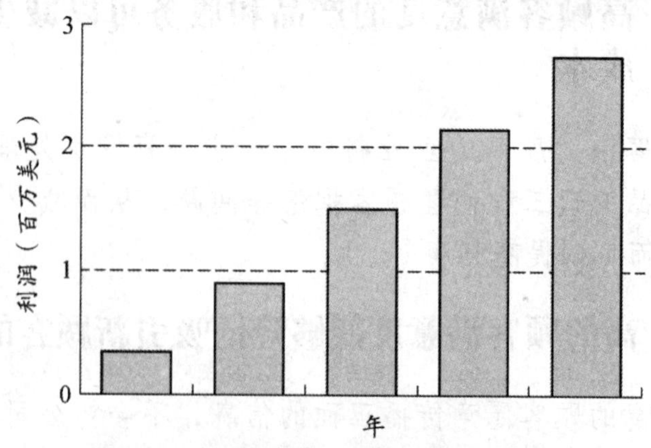


**图3–1 顾客满意度提高带来的利润**

（顾客满意度每年增长1%，贴现率10%）

以上计算在绝对值上增加是不大的，但这个预测是在瑞典以一些有代表性的公司为基础计算而得，而且这些公司相对于美国公司而言经济规模偏小。假如将相同的系数用于美国公司（如《商业周刊》中的1 000家企业，平均资产为750万美元，平均ROI为11%），若顾客满意度在5年中每年都持续增长1%，累积增长的利润将达到9 400万美元，相对于当期的ROI增长了11.4%。

尽管从很多显著因素可推断出高的顾客满意度能带来高的利润率，然而它并不总是成立的，当顾客满意度达到某一点时，继续提高顾客满意度会使收益逐步减少。例如，许多企业借助质量控制来提高顾客满意度，这在一定程度上能产生许多连带的经济效益（如减少返工、降低担保成本等），但当质量控制的可靠性相对较低时，为降低废品率而增加的成本可能大于收益的增加，就会产生不良影响。因此在追求高顾客满意度的同时，不能忽视成本因素，否则利润率的增加将希望渺茫。

## 3.2　关注顾客资产价值

在这里很有必要提及一个概念，即顾客资产，因为它是实现从顾客满意向利润转化的介质。顾客资产一词最初是由Robert Blattberg和John Deighton提出的，被定义为所有顾客终身价值折现现值的总和。顾客资产的价值不仅仅是顾客当前的赢利能力，也包括企业将从顾客一生之中获得的贡献流的折现净值。

如果顾客满意度提高增加了重复购买的可能性，那么企业可以将现有顾客作为一种创造经济效益的资产，其所带来的经济效益的净现值可利用下式计算：

$$NPV = \sum_{t=1}^{T} \lambda G\left[Pr(Loyal / Satisfaction) / (1+\partial)\right]^{t/\lambda}$$

式中：$Pr(Loyal/Satisfaction)$——满意的顾客保持忠诚的概率；

$G$——每个时期平均利润总额；

$\lambda$——平均重复购买周期；

$\partial$——贴现率。

假定顾客满意度和重复购买之间的关系是线性且单调的，应用大量统计数据得出如下结论：顾客满意度每增加1%，重复购买的概率会增加0.005 8（范围从0到1）。因此，如果一个企业将顾客满意度平均值从67提高到70，那么重复购买概率的平均值将从0.75提高到0.767 4。假定一个企业的平均利润总额（G）为6 500万美元，且顾客平均购买周期为一年，那么顾客资本（全生命周期）的净现值将从1.188亿美元提高到1.252亿美元，增加640万美元，增长5.4%。

对大多数企业来说，顾客资产是企业价值最重要的组成部分。尽管企业价值不仅仅是顾客资产的价值，但现有顾客资产是其未来收益主要的可靠来源。因此，如果企业能成功地驾驭其顾客资产，不但能使企业获得绝对的竞争优势，而且与此同时，也相应地实现了顾客满意向企业利润的转化。

## 3.3 顾客满意度与生产率的博弈

在将顾客满意转化为利润的过程中，尚存在着许多制约因素，若不能合理地平衡顾客满意与这些因素之间的关系，将直接影响顾客满意向利润转化的效果。其中最为显著的有两个因素，即生产率和市场份额。

企业是否应该将顾客满意度和生产率同时放在首要位置呢？企业管理者们普遍认为应该追求二者的双赢。但是实际上二者的变动并不总是保持一致的。例如，在一些服务行业中，顾客的满意程度主要取决于员工能否提供个性化服务，如果企业试图采用精简人员的方法来提高生产率（例如提高每个员工的销售额），虽然可能会在短时期内见效，但由于工作量的增加，每个员工提供的服务质量可能会有所下降，长此以往，企业的未来利润率将会受到威胁。同样，单纯追求顾客满意度可能会产生只关注当前顾客的短视现象，妨碍企业吸引新顾客的加入，对企业也是不利的。

简而言之，生产率和顾客满意度之间有一个均衡状态，尤其在那些以员工服务为主导的企业中，如果企业试图通过提供个性化产品或服务来更好地迎合顾客的需要，就应该注重保持二者之间的均衡。

## 3.3.1　顾客满意度与生产率之间的关系

生产率是衡量企业投入—产出效率的指标。最普通的衡量生产率的方法是单要素法，即产出对特定种类的投入的简单比率，如每个员工的销售额。还有一种方法以产出与所有种类投入（劳动力、资金、原材料等）的比率来表示生产率，称为全要素生产率。根据研究需要，我们所用的是最普通的“单要素比率”，即用企业的总销售额除以总员工数来计算劳动生产率。

人们对于顾客满意度和生产率之间关系的看法存在很大分歧。在生产运作研究和生产管理领域中，普遍认为二者之间是正相关的，即获得高水平顾客满意度的企业在处理退货、返工、保修和投诉管理方面需要投入较少的资源，因此可以降低成本和提高生产率。在服务业中，Reichheld和Sasser认为减少产品缺陷会增加顾客的忠诚度，而顾客忠诚度的提高意味着较低的未来交易成本和良好的口碑，甚至可能意味着由溢价而产生的高生产率。然而，另一种同样有说服力的观点是追求顾客满意度会增加成本，从而降低生产率。例如在经济学中，生产率和顾客满意度之间的关系通常被认为是负相关的，将顾客满意度（效用）看作是产品质量的函数，效用水平的提高（改良原材料、增加产品特色或服务人员）需要提高产品的质量，也就意味着成本的增加，而且这些投入的最终结果通常是收益递减的。

#### 3.3.1.1 解析两种不同观点：定制化和标准化

顾客满意度与生产率之间的关系究竟如何呢？Juran提出了一种很好的定义质量的方法，可以用于解决关于顾客满意度和生产率之间关系的分歧。定义方法指出，虽然质量具有多元性质，但是其各种性质可以归结为两个不同类型，即符合顾客需要的质量和没有缺陷的质量。

符合顾客需要的质量是指产品的设计特性，即产品或服务的属性和特点能够满足顾客需求的程度，为了便于说明，将这种质量称为定制化（customization）质量。没有缺陷的质量是指顾客能够感受到的设计可靠性，即产品的特性、质量和服务的可靠程度，将这种类型的质量称为标准化（standardization）质量。

图3−2中（a）和（b）分别对“标准化”质量和“定制化”质量作了描述。根据Crosby、Deming和Juran等的观点，成本会随着标准化质量的提高而下降，但是随着投入的不断增加会使收益递减，成本最终将有回升趋势（如图3−2（a））。图3−2（b）说明改善定制化质量的成本在任何情况下都是以递增速率增加的，因为定制化质量的不断提高需要产品具有更多和更好的特性，而且需要多种特性的不同组合，或者需要员工为顾客提供更周到的服务。

#### 3.3.1.2 标准化和定制化的模型

为了更清楚地了解在什么情况下会出现顾客满意度和生产率之间的均衡状态，这里将前面的讨论用简洁的数学模型来表达。模型中包含了有关标准化和定制化水平对顾客的相对重要性、两种类型的质量对成本的影响，以及对每种质量投入水平的信息。

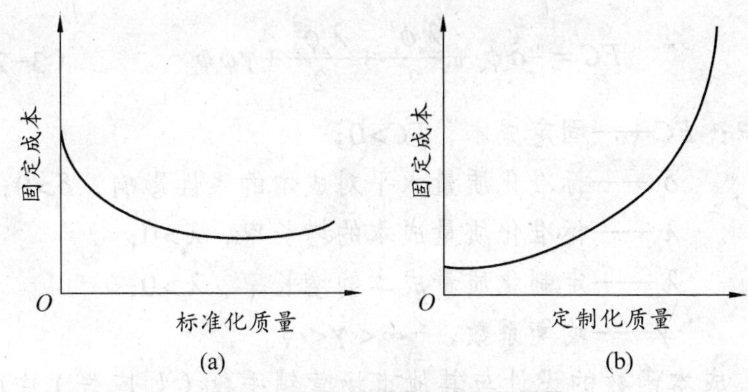


图3-2　标准化质量和定制化质量

（1）标准化和定制化的顾客满意度函数

首先，假定顾客满意度是标准化质量水平$\phi_s$、定制化质量水平$\phi_c$，以及标准化和定制化质量的相对重要性（$1-\varepsilon$）和$\varepsilon$的函数，于是有：

$$s=(1-\varepsilon)\ \phi_s+\varepsilon\phi_c \tag{3-1}$$

式中：$s$——顾客满意度水平，$s>0$；

$\phi_s$——标准化质量水平，$\phi_s>0$；

$\phi_c$——定制化质量水平，$\phi_c>0$；

$\varepsilon$——定制化质量对于顾客的相对重要性，$\varepsilon\in[0, 1]$。

公式（3-1）表明顾客满意度主要由两点决定：①商品或服务能够满足顾客需求的程度，即定制化质量；②商品或服务的可靠程度，即标准化质量。如果将对两种质量类型的投入水平设定在适当范围内，就可以得到合理的近似值。但同时也要考虑到对质量的不断投入可能会引起顾客满意度边际收益递减的情况。

（2）标准化和定制化的成本函数

模型的结论应该遵守下面非线性成本函数给出的约束。标准化和定制化质量投入水平对成本的影响如下①：

① 注意，如果将可变成本而不是固定成本表示为质量的函数，模型的本质结论不会改变。

$$FC = -\delta_s\phi_s + \frac{\lambda_s\phi_s^2}{2} + \frac{\lambda_c\phi_c^2}{2} + \gamma\phi_s\phi_c \qquad (3\text{-}2)$$

式中：$FC$——固定成本，$FC>0$；

$\delta_s$——标准化质量水平对成本的线性影响，$\delta_s>0$；

$\lambda_s$——标准化质量成本的增长率，$\lambda_s>0$；

$\lambda_c$——定制化质量成本的增长率，$\lambda_c>0$；

$\gamma$——均衡系数，$-\infty<\gamma<\infty$。

成本函数的设计与其他市场营销手段（如广告）中的投资分析模型类似，但有两个关键的不同点。

首先，追求标准化质量至少在某种程度上能降低（质量的）总成本。公式（3-2）中第一项的系数$\delta_s$，即标准化质量水平对成本的线性影响，表示标准化质量每提高一个单位能引起成本降低的程度。成本函数的二次项能够保证任何一种质量水平的增加，成本是以加速度$\lambda_s$或$\lambda_c$增加的，因此如果希望减少固定成本，对产品初期标准化质量的投入水平应该大于由于产品标准化和（或）定制化质量的提高而产生的费用的增加。一次项和二次项结合起来说明标准化质量对成本的影响曲线是呈下凹形的（图3-2（a）），而定制化质量对成本的影响呈加速上升趋势（图3-2（b））。

其次，公式（3-2）的第四项$\gamma\phi_s\phi_c$，蕴含了质量具有兼容性的观点。例如，如果由于成本限制很难同时提高定制化和标准化水平，可以预测均衡系数为较大的正数（$\gamma>0$）；如果一种质量的改变不会对另一种质量产生影响，均衡系数应该是零；而如果系数是负值（$\gamma<0$），就说明两种质量之间存在互补性。

（3）对标准化和定制化的投入分配

为了建立企业投入分配决策模型，考虑利润函数如下：

$$\begin{aligned} Profit &= D(s, p)[p-c]-FC \\ &= \alpha[(1-\varepsilon)\phi_s+\varepsilon\phi_c]p^{-\beta}(p-c)\times \\ &\left(-\delta_s\phi_c+\frac{\lambda_s\phi_s^2}{2}+\frac{\lambda_c\phi_c^2}{2}+\gamma\phi_s\phi_c\right) \end{aligned} \quad (3-3)$$

式中：*Profit*——利润；

*D*——需求，是顾客满意度和价格的函数；

*FC*——固定成本；

$\alpha$——偏好的恒定水平；

*p*——价格；

$\beta$——价格对需求的影响；

*c*——每单位的可变成本常数。

在给定顾客对企业产品的偏好恒定水平$\alpha$后，需求是由价格*p*和顾客满意度*s*决定的。企业可以选择价格*p*和两种质量的水平$\phi_s$和$\phi_c$，两种质量水平及其相对重要性决定了由顾客感受到的满意程度。

下面给出的是最优标准化质量、最优定制化质量和最优价格的表达式（推导过程见附录1）：

$$\phi_s^*=\frac{\alpha p^{*-\beta}(p^*-c)[(\lambda_c-\gamma)(1-\varepsilon)+\gamma(1-2\varepsilon)]+\delta_s\lambda_c}{\lambda_s\lambda_c-\gamma^2} \quad (3-4)$$

$$\phi_c^*=\frac{\alpha p^{*-\beta}(p^*-c)[(\lambda_s-\gamma)\varepsilon-\gamma(1-2\varepsilon)]-\gamma\delta_s}{\lambda_s\lambda_c-\gamma^2} \quad (3-5)$$

$$p^*=\frac{\beta c}{\beta-1} \quad (3-6)$$

最优标准化质量和最优定制化质量的表达式非常直观。在等式中，当标准化质量对成本的影响增大（$\delta_s$↑）

时，处于正均衡点（$\gamma>0$）的企业会提供更高的标准化质量和更低的定制化质量。或者，当定制化重要性增大（$\varepsilon\uparrow$）时，企业会提供更低的标准化质量和更高的定制化质量。

### 3.3.2 顾客满意度与生产率之均衡

在什么情况下顾客满意度和生产率之间会存在均衡状态呢？企业是否能在顾客满意度较低的情况下获得高水平的生产率呢？为了回答这些问题，我们需要最优顾客满意度和生产率的表达式，将公式（3-4）和（3-5）的最优标准化和定制化质量表达式代入顾客满意度公式（3-1）中，可得到相应的最优顾客满意度表达式。最优生产率的表达式可用产出（总收入）相对于投入（总成本）的比率表示：

$$E^{*}=\frac{D^{*}p^{*}}{D^{*}c+FC^{*}} \tag{3-7}$$

式中：$E^{*}$——最优生产率；

$D^{*}$——需求；

$FC^{*}$——固定成本；

$p^{*}$——价格；

$c$——每单位可变成本常数。

通过这些表达式可以得到以下关于顾客满意度和生产率关系的命题（证明详见附录2）。

**命题1** 为了达到利润最大化，企业会设法通过增加标准化质量的投入和提高顾客满意度来获得更高的生产率和更高的利润。

**证明** 如附录2中所示，当标准化质量带来的收益增加（$\delta_{s}\uparrow$）时，利润和生产率在任何条件下都是增加的（$\mathrm{d}\pi^{*}/\mathrm{d}\delta_{s}>0$和$\mathrm{d}E^{*}/\mathrm{d}\delta_{s}>0$）。但在以下几种情况下顾客满意度增加：①定制化质量相对重要性$\varepsilon$很小；②定制化质量增加的困难度$\lambda_{c}$相对较大；③定制化和标准化质量的均衡系数$\gamma$

相对较小。

**命题2** 为了达到利润最大化，企业会设法通过增加标准化质量的投入，在顾客满意度较低的情况下获得较高的生产率和利润。

**证明** 同上，当标准化质量的利润增加（$\delta_s$↑）时，利润和生产率在任何条件下都是增加的（$\mathrm{d}\pi^*/\mathrm{d}\delta_s>0$和$\mathrm{d}E^*/\mathrm{d}\delta_s>0$）。但在以下几种情况下顾客满意度降低：①定制化质量相对重要性$\varepsilon$很大；②定制化质量增加的困难度$\lambda_c$相对较小；③定制化和标准化质量的均衡系数$\gamma$相对较大。

命题1和命题2主要说明对于追求利润最大化的企业，顾客满意度和生产率之间是可以呈不同方向变化的。明确地说，在命题2所述的条件下，如果标准化的收益$\delta_s$增加，顾客满意度$s^*$会降低，并且生产率$E^*$和利润率$\pi^*$会增加。如当发生外部“技术性”改变（如信息系统或员工教育水平的改变）时，就会使企业标准化质量成本曲线发生位移。若命题2的条件发生变化，$\delta_s$的增加会导致如命题1中所述的顾客满意度的增加。因此，在标准化质量比定制化质量的相对重要性更大（即$\varepsilon$很小）和二者间的均衡状态可忽略（即$\gamma$很小）的情况下，生产率和顾客满意度是一致的。

总体来说，当顾客满意度相对而言更多地取决于标准化质量的时候，生产率和顾客满意度更有可能达到一致。因此，当产品质量的标准化过程既在厂家的能力范围之内又能满足顾客要求时，可以实现生产率和顾客满意度的双赢。但是当顾客满意度相对而言更多地取决于定制化质量时，即顾客需要不同类型和级别的产品、更多的个性化服务时，生产率和顾客满意度就很有可能存在冲突。

顾客满意度和生产率在以下情况中存在均衡状态的可能性较小：①顾客满意度相对更多地取决于定制化质量而不是标准化质量；②由于成本的限制，同时获得高水平的定制化和标准化质量是困难的。当然，这并不意味着企业应放弃寻找同时提高生产率和顾客满意度的途径，而是要慎重考虑随之产生的风险、成本以及二者之间的相互影响，尤其在服务和客户关系日益重要的情况下。如果可以用单一生产流程生产出种类繁多的产品，满足顾客多样性的需要，就可能达到二者的双赢。例如，信息技术的合理应用使企业既能提高产量又能更好地满足顾客需求，企业可以利用信息技术向顾客同时提供标准化和个性化服务，由顾客自愿选择服务的方式（如银行的顾客可以选择ATM或是柜台服务）。未来具有吸引力的研究方向之一就是科技如何推动定制化和标准化质量齐头并进。

### 3.3.3 制定有效的战略组合

观察不同行业中经济效益较好的企业，它们的生产率和顾客满意度情况是怎样的呢？企业如何根据生产率和顾客满意度的博弈关系来制定战略组合，以赢得高的投资回报率（ROI）呢？为了更深入理解这个问题，我们根据不同企业在一定年度中顾客满意度的测量值和行业均值之间的关系，按照高/低顾客满意度和高/低生产率的标准对每个行业进行了划分，并计算出企业平均ROI值。利用上述方法，对实际数据进行分析，结果如图3−3所示。这一分析显示了企业获取高ROI值的战略组合。

对于左上角行业中的企业来说，如果希望获得比行业均值更高的ROI值，就要采取保持高水平顾客满意度和高生产率的策略，这些行业大多数是制造业如汽车、食品、大型电脑和个人电脑等。这个象限还包括服装商店和邮购，这两个行业中的企业都属于产品和服务混合型的，并且都得益于自动化水平的不断提高。保险业是个很有趣的特例，但是如果了解到保险业的生产率是以总资产而不是以当前

| | 高<br>生产率 | 低<br>生产率 |
|---|---|---|
| 高<br>顾客<br>满意度 | 汽车<br>食品<br>个人电脑<br>大型电脑<br>服装商店<br>邮购<br>保险 | 民航<br>银行<br>包机/包车旅游<br>家具商店<br>运输业 |
| 低<br>顾客<br>满意度 | 百货公司<br>加油站<br>报纸出版 | 超级市场 |

**图3-3 不同行业中企业赢得最高平均ROI值的战略组合**

相对于员工总人数的销售额来计算的，就会明白它属于该象限的原因，因此具有最多资产的保险公司应该是那些最能让顾客满意，并且能够留住顾客的公司。

在其他象限中，各个行业很难（或不需要）达到顾客满意度和生产率的双赢。对于“纯粹的”服务行业，如民航、银行、包机/包车旅游和运输业，获得最高ROI值的企业具有相对较高的顾客满意度和相对较低的生产率。而在百货公司、加油站和报纸出版等行业中，高的经济效益是同相对较高的生产率和相对较低的顾客满意度相联系的。超级市场是唯一的一类既获得高经济效益，又只有较低水平的顾客满意度和生产率的企业。可将这种特殊情形看作人为引起的非正常情况。该行业的行业密集度很高，某企业如果具有很大的地理位置优势和相当大的政策优势，等同于获得了一种垄断权力，进而可以得到高额利润。

另外，图表下半部分行业的性质说明追求生产率可能需要某种程度上的垄断保护，在百货公司和加油站的例子中体现了地理位置的优势。这印证了一个与其相一致的观点：当存在转换壁垒的时候，顾客满意度的重要性就减弱了，如果转换壁垒不明显，通过顾客满意来留住当前顾客会变得更为重要。

图3-3的描述说明，只有在产品构成比重相当大，或者说在顾客满意度主要取决于标准化质量的行业中，顾客满意度和生产率才有可能达到一致。对于其他行业，顾客满意度更多地取决于无法标准化或者必须定制化的质量，因此企业能够通过关注顾客满意度而取得更大的成功。同时应该注意到，如果标准化质量的隐性收入较具吸引力，即使定制化质量相对更重要，为了追求利润最大化，企业也会放弃高的定制化质量及由此带来的相对较高的顾客满意度水平而追求较高的生产率。

通过以上分析，企业可以根据自身的实际情况，选择不同的顾客满意度和生产率组合策略，力求使企业经济效益达到最佳。为了生存，企业必须通过产品细分和调整市场分类来提供更高的定制化质量水平。并且，由于顾客满意度的重要性不断增加，顾客满意度和生产率之间的冲突日见明显，因此顾客满意度和生产率之间的均衡状态不但现在是一个有意义的课题，而且将来会变得更加重要。

## 3.4 顾客满意度与市场份额的博弈

从19世纪70年代开始，追求市场份额成为管理战略的一个焦点。许多经济领域的专家一致认为，市场份额最大化是使利润最大化的一种途径。所以，大部分美国主导企业均采用了不同形式的市场占有策略，以求能带来高额利润。他们还主张，市场份额的最大化不仅有利于企业，而且有利于整个国家的经济运行。

无论是追求高的顾客满意度还是大的市场份额，都是企业提高利润率的有效途径。那么二者之间是否存在着相互影响，它们的关系如何，谁对利润率的贡献更为重要呢？

### 3.4.1 顾客满意度与市场份额的关系

直观上，人们希望顾客满意度和市场份额能够并驾齐驱，但高的顾客满意度和高的市场份额是否总是保持一致，目前尚不能确定。二者之间除了存在正相关性以外，还可能存在负相关性。例如：林肯/水星牌（Lincoln/Mercury）汽车的顾客满意度较高，但只有很小的市场份额。福特（Ford）公司拥有最畅销的Escort车，在市场中占据主导地位，但顾客满意度却不高。这说明市场份额小的企业可能为目标市场提供更好的服务，从而带来高的顾客满意度；而占有大市场份额的企业必须为不同种类的顾客提供多样性的服务，反而很难获得高的顾客满意度。

顾客满意度和市场份额之间的关系是正相关还是负相关需要从以下两个角度考虑。

①将市场份额不断提高，升至某一点时将形成规模经济，进而能降低生产成本，降低产品价格，提升企业所提供的产品和服务的价值，从而提高顾客满意度。

②顾客数量或群体的增加可能导致服务质量的下降，尤其是在那些顾客偏好不同而又很注重个人服务的行业里，结果将使顾客满意度和市场份额相背离。而在那些顾客偏好无差别的行业里，从长期来看，顾客满意度和市场份额是可以保持同向变动的。

为了更好地理解二者之间的关系，考虑下面一种情况。图3−4是不同偏好的顾客分布情况。为简单起见，假定顾客偏好成正态分布，市场上只存在两个竞争者——公司1和公司2，偏好可用同一尺度来衡量。偏好的维度由价格和质量构成，有些顾客愿意为高质量产品承受高价格，而有些顾客则更关注价格的高低，很少考虑质量。由图3−4可知，公司2以高价格提供了高的质量，因此它位于偏好分布尾部

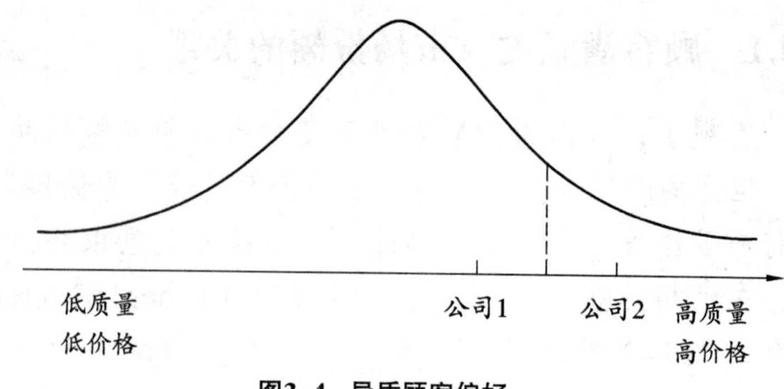


**图3-4 异质顾客偏好**

的右边，而公司1则临近于公司2的左边。

市场份额和顾客满意度之间的关系如下：在垂线交点左边的购买者将购买公司1的产品，因为它提供的产品最接近他们的期望，这部分顾客占整体顾客的80％。相应地，公司2只占有20％的市场份额。然而，在均值上公司2的顾客满意度水平更高。若用顾客期望（在某一价格/质量组合上）与公司供给之间的距离表示顾客不满意程度，那么相对于公司2，公司1有更多的顾客远离于他们的期望，也就是说，公司1的顾客期望和所提供产品之间的距离均值更大，因此公司1比公司2的平均顾客满意度要低。

前面对顾客满意度与市场份额的分析并不意味着追求顾客满意度的提高将导致市场份额的下降。如果高水平的顾客满意度得到认可，那么将对市场份额产生一个正效应。然而，市场份额的增加可能会导致顾客不满意情况的增多。因为市场份额的增加意味着顾客群的异质性提高，公司可能穷于应付众多顾客的需求，被顾客需求牵着鼻子走，从而导致顾客的满意度恶化。因此对于一个占有市场份额大的公司来说，更困难的是同时拥有一个高于平均水平的顾客满意度，尤其是当顾客需求各异的时候。在美国汽车市场上，市场占有率最高的公司和顾客满意度最高的公司往往并不是同一个公司。从图3-4中可以很明显看出，市场份额大的公司更容易受到新进入者的攻击。

总之，顾客满意度与市场份额之间的关系问题是一个新出现的问题，还有待于更多地了解与探讨。一方面的受益可能会导致另一方面的受损，单纯追求顾客满意度或市场份额对企业都是无利可图的。例如，追求最大化顾客满意度的极端方法是可能把所有资源都用于一个顾客，只有利于一个顾客，在这种情况下企业是很难获利的。对于一个企业来说，更重要的是准确地掌握二者的关系及变动方向，使其更好地为提高利润率服务。

## 3.4.2　顾客满意策略与市场占有策略

既然顾客满意度和市场份额之间存在着这样一种博弈关系，那么获得二者的均衡点则是企业追求的一个目标。对二者关系进行研究的最终目的是要帮助企业根据二者之间的关系，对市场情况作出明智的判断，制定有效的市场战略，进而保证企业利润率的提高。

表3-1从策略类型、关注点、成功的判断标准和行为目标等方面对顾客满意策略与市场占有策略进行了比较。这两种策略在本质上是不同的。市场占有策略关注的是企业所拥有顾客资源的数量，而顾客满意策略的焦点在于其所拥有顾客资源的质量；争取市场份额是一种进攻策略，而培养顾客满意是一种防御策略；评价市场占有策略成功或者失败是相对于竞争对手而言的，评价顾客满意策略成功或失败主要是依据顾客保留的情况而定。换句话说，进攻的目的是要从竞争对手那里吸引顾客，而防御的目的是提高现有顾客的忠诚。一般采取进攻策略的成本比较高，因为改变现状需要比保持现状付出更多的努力。相反，如果采取防御策略，会提高顾客忠诚度，无形中使竞争对手的进攻成本增加。

表3-1　市场份额与顾客满意度策略对比

| | 市场占有策略 | 顾客满意策略 |
|---|---|---|
| 策略类型 | 进攻策略 | 防御策略 |
| 关注点 | 竞争对手 | 顾客 |
| 成功的判断标准 | 相对于竞争对手的市场占有率 | 顾客保持率 |
| 行为目标 | 获取竞争对手的顾客 | 顾客忠诚 |

市场占有策略和顾客满意策略反映的是两个不同的角度，两者之间本该是没有孰重孰轻关系的。但是在一个特定的时期，企业在资源有限的情况下，必然面临着选择：是重点投资于市场份额的扩大呢？还是重点投资于顾客满意度的提高？或者两者并举一视同仁？要回答这个问题，企业必须结合行业竞争格局和产品寿命周期进行分析。

（1）根据行业竞争状况分析

在一个成长缓慢且饱和的市场中，恶劣的市场环境迫使企业不仅要千方百计地保持现有顾客，而且还要从竞争对手那里抢来一些生意，否则企业的发展空间就会越来越小。与此同时，企业也处于竞争对手的威胁之中，时刻都有可能出现顾客的流失。此时，不管是市场份额较小还是较大的企业都应将投资重点用于顾客满意度的提高。对于小企业而言，要想与大企业争夺市场，在品牌和其他资源方面都缺乏竞争力。使用大量促销或大幅度降价策略提高市场份额，一方面企业根本承受不起，另一方面还会受到大企业的强力阻击。因此，小企业应将重点放在顾客满意度的提高上，以巩固自己的阵地，并以自己良好的顾客基础逐步扩大市场。对于大企业而言，由于市场份额已经相对较高，此时的主要工作应是巩固已取得的市场份额。若继续扩大市场份额，将引起其他竞争者针锋相对的反抗，最后导致企业收益下降。因此，在市场份额增长达到一定程度后，企业就应该用提高顾客满意度的方法来巩固自己的领地，为以后的扩展打下坚实基础。

在一个成长迅速且竞争激烈的市场中，行业内企业众多，且每个企业占有的市场份额数量相当，此时企业一方面应努力扩大市场份额，另一方面应努力提高顾客满意度，二者应同时兼顾。此时扩大市场份额能够使企业在众多竞争者中脱颖而出，同时扩大市场份额也显得相对容易，毕竟众多的竞争者中实力弱小的企业占有很大的比重，对这些企业占有的市场发动进攻，耗费的资源不会太多且能取得较好的效果。但是，这种做法很容易被效仿，并将引发较强竞争者之间的较量。企业要想在较量中出奇制胜，就必须将一部分资源用于提高顾客满意度，增加顾客的重复购买率。此做法不仅可以稳定地扩大市场份额，避免引发恶性竞争，还能使企业在顾客中树立良好的口碑，形成光环效应。

在一个垄断的市场环境中，行业内企业很少，每一家企业占有的市场份额都很大。此时，行业已进入寡头垄断的格局，企业应将重点放在维持和扩大市场份额上，对顾客满意只需保持一般关注。只有在竞争者努力提高顾客满意度时，企业才有必要加大对顾客满意的投入。在此格局下，企业若希望通过主动提高顾客满意度来扩展市场，必然引起其他竞争者的跟进和仿效（因每一个寡头都具备相应的能力），最后可能使整个行业的顾客满意度水平得到普遍提高，市场份额却不会发生多大变化，但这时整个行业赢利水平将会因成本增加而降低，这对行业内每一个成员都是不利的。

（2）根据产品生命周期分析

对商业策略的选择还要考虑到产品所处的生命周期。

在导入期，由于生产同种产品的企业很少，企业的主要竞争对手不是这些生产同种产品的企业，而是生产被替代产品的企业。此时，企业的工作或投资重点应该是大力宣传新产品及其与被替代产品相比的优势，促使人们购买试用，扩大该产品在同类产品中的市场份额，因此应该将重点置于市场占有策略上。

在成长期，整个行业发展很快，生产同种产品的企业越来越多。此时，企业的重点是大力宣传品牌形象，扩大企业产品在同种产品中的市场份额，同时不断提高现有产品的质量和知名度。因此可以将市场占有策略与顾客满意策略有机地结合起来。

在成熟期，市场总的销售量已相对稳定，竞争异常激烈。为了能在竞争中保持稳定或有所增长，企业应大力提高顾客满意度，留住顾客，实现顾客重复购买，所以此时可以主要采取顾客满意策略。

在衰退期，扩大市场份额已无任何营销意义，企业可以有条件地选择某些市场或品种维持较高的顾客满意度，以获取产品的晚期收益。

最后，值得注意的是，顾客满意度与市场份额的均衡点并不是静态的，企业试图永远保持在均衡状态是徒劳的。因为，当顾客满意度与市场份额达到一个均衡点后，在利润的驱使下，企业会扩大生产规模或增加产品和服务种类，从而打破这种平衡，那么就需要重新寻找下一个均衡点，然后再重新打破，再达到均衡。这样就会形成一个螺旋上升的趋势，结果会逐步提高企业的顾客满意度水平和市场份额。

## 3.5 顾客满意度与财务数据

作为对消费质量测量的指标，顾客满意度是一种既滞后又超前的指标。滞后是因为顾客满意度是在企业为顾客提供了产品和服务之后测量出来的，超前是因为它能反映出顾客对企业的产品和服务的预测。

正因为存在这种预测功能，顾客满意度能够在投资领域对企业有所帮助。如果在企业的财务报告中包含有关客户关系质量的信息，则能更好地理解企业现状与其未来的股票收益率之间的联系。毕竟股票的市场价值是对市场未来收入折现值的估计，而公司运营管理和建立顾客关系的成本，以及由顾客关系带来的净收入是市场价值产生的基础。

事实上，公司所有资产的总额应当在顾客关系中得到体现，因此在市场竞争条件下，顾客满意度可作为一个代表性指标。相应地，任何一种资产的价值都可以由它对扩展和加强顾客关系的净贡献率来决定。

Fornell等人利用ACSI（美国顾客满意度指数）检验发现，在股票市场上，ACSI高的公司比那些ACSI低的公司表现得更好。在投资战略中，以ACSI为导向来组合股票，能获得比依赖信托基金或普通的市场指标（如道·琼斯工业（DJIA）指数和纳斯达克（NASDAQ）指数，S&P 500）更好的效果。例如：全球通信公司、美国加州技术管理咨询公司（Quest）、美国有限电视运营商与宽带网络公司（Comcast）、美国在线公司（AOL）、美国航空公司和麦当劳，由于在ACSI方面做得不好，而在股票市场上蒙受巨大的损失。相反，那些ACSI较高的公司，如希尔顿酒店、西南航空公司、美国银行、浮华世界公司（V-F Corp）、易趣网（e-Bay）和美国仓储会员企业（Costco），都取得了良好的经济业绩。ACSI排名前50%的公司比后50%的公司得到了更令人满意的股票收益。这也表明了ACSI的变化与DJIA指数的变化之间存在着较强的相互联系。关于这一点将在后面的篇章中进行详细讨论。

尽管股票市场至关重要，但它并不能代表一切，真正重要的是国民经济增长的蓝图。那么顾客满意度与国民经济增长的关系怎样呢？Fornell等人利用ACSI近十年的积累数据，对其与国民经济增长之间的联系作了进一步的检验。

衡量经济增长最通常的方法是国内生产总值（GDP）。它是指用货币计算的用于购买和销售的经济产出的数量（考虑通货膨胀因素）。而GDP本身并不能体现经济增长的质量。除非它和更高级的消费者效用指标（如ACSI）联系起来，才能更合理地分析经济增长的标准。

许多分析家都很关注GDP的变化。如果我们同时也将ACSI纳入关注的焦点，会发现国家的顾客满意度变化和GDP的变化是非常一致的，这可以从1995～2004年二者的曲线变化上得到验证（见图3–5）。

对ACSI和GDP之间相关性的解释是建立在消费行为基础上的。某种程度上，人类的大多数行为都是在追求满意，消费者的行为也不例外。消费取决于消费者的支付能力和愿望。支付能力取决于消费者所拥有的现金数量或信用卡金额，愿望则受到消费者对某种商品所期望的满意水平的影响。由于消费者的支出能够反映其对所购买物品的满意程度，因此在消费和满意之间有着明显的联系。在消费过

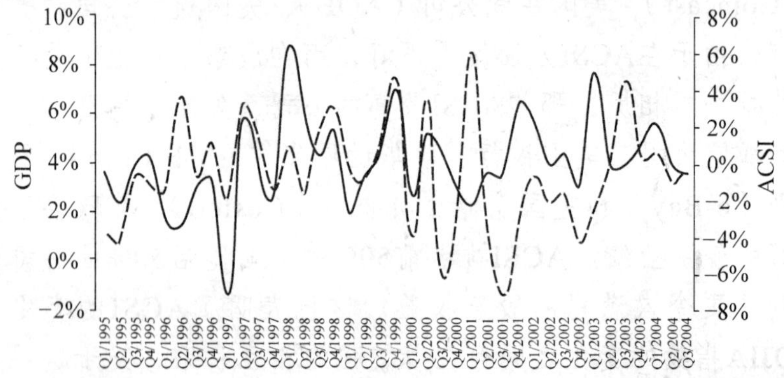


**图3–5　GDP和ACSI的增长**

程中，人们期望得到的满意程度影响着他们对货币的支付。人们愿意为满意而花更多的钱；如果不满意，情况恰好相反。

当然也要考虑到货币的因素。货币提供了消费的手段，是满意的基础。由于顾客满意度与消费行为紧密相关，而国民消费支出占国民经济总额的2/3，因此顾客满意度与经济增长的内在关系也就显而易见了。

顾客满意度的变化不仅使消费者的偏好发生转移，而且也影响到普遍的家庭购买愿望。进一步研究表明，质量和顾客满意度的变化对美国经济的影响非常显著。如果顾客满意度降低，而且消费持续下降，经济将会出现不良反应。实际上，所有的经济观察家都认同顾客消费的变动引起经济波动这一事实。

# 第二篇

## 美国顾客满意度指数

American Customer Satisfaction Index

（ACSI）

# 第4章

# ACSI——美国消费者的声音

顾客满意度如此重要，那么如何在全国范围内对顾客的满意程度进行测量，又用什么指标来衡量呢？

早在1989年，瑞典首次尝试在全国范围内建立了顾客满意度测评体系之后，德国、美国、加拿大等二十多个国家和地区先后建立了全国或地区性的顾客满意度指数模型，作为衡量经济产出质量的一个客观经济指标。

建立于1994年的美国顾客满意度指数是一项测量美国家庭消费情况的指标。作为一项强有力的经济指标，ACSI追踪消费者满意的状况，为美国的企业、行业贸易协会和美国政府机构提供有价值的基础数据，对洞察国家、行业以及企业的消费经济状况提供了一个有价值的测评基准。正如前文所述，在开发ACSI之前，经济预测领域一直缺乏一项统一的国家经济产出质量测评指标，开发ACSI是为了提供关于经济产出质量的有用信息，完善已有的美国经济评估系统。ACSI已成为与消费品价格指数、失业率和通货膨胀率同等重要的参数。

## 4.1 美国顾客满意度指数——ACSI

美国顾客满意度指数（ACSI）是根据顾客对在美国本土购买、由美国国内企业提供或在美国市场上占有相当份额的国外企业提供的产品和服务质量的评价，通过建立模型计算而获得的一个指数。为了能反映国家整体的经济情况，ACSI收录了200多家企业的数据，涵盖了7个（如今发展到10个）主要经济领域的40多个行业，这些企业1994年销售总额超过了2.7万亿美元。每年列入美国顾客满意度指数调查的美国有关企业和机构的产值约占国内生产总值的40%。ACSI以年度数据为基础，使用一个经过检验的多方程计量经济学模型来生成四个层次的指数：先得到每个企业的顾客满意度指数（200个企业），再对这些企业的指数加权计算得出各行业（41个）、各经济部门（10个）以及国家的顾客满意度指数。美国30家最大的联邦政府机构也包括在美国顾客满意度指数的年度调查之中。从2000年开始，该指数中又新增了电子商务行业。ACSI的所有调查结果都在《华尔街日报》(*The Wall Street Journal*）上公布。

ACSI是对消费的产品或服务质量的一种测评。一个企业的ACSI代表了它的顾客群对企业所提供的产品和服务整体的满意情况。同时也包括了消费者的消费经历和期望。与之类似，行业的ACSI代表的是顾客对一个行业的产品和服务的总体满意情况。经济部门与国家亦是如此。ACSI代表的是一个企业提供的产品和服务的总体水平，而不是某个个人对特定交易的评价。当然，特定交易的顾客满意度调查能为某种特定产品或服务提供有针对性的诊断信息。

总体顾客满意度是对企业过去、现在和将来的业绩更全面而基础的评价指标。

## 4.2 从ACSI中获益

ASCI是非常值得我们重视的，因为顾客的满意最终影响到企业的顾客保有率，进而影响企业的利润和竞争力。那么ACSI能为我们带来什么，能帮助我们解决哪些问题呢？ACSI可以直接回答以下两个问题：

• 顾客对美国市场的产品和服务质量的总体满意度是在提高还是降低？

• 顾客对具体经济部门、具体行业或者具体企业的满意度是在提高还是降低？

该指数还可以帮助我们回答有关美国经济的一系列问题。使用ACSI可以对经济部门或者具体行业的顾客满意度水平进行比较或者是与国家的平均水平比较。顾客满意度指数对国内的产品和服务的测量结果可以与进口产品和服务的测量值进行比较。此外，公共机构所提供服务的顾客满意度可以与私人企业提供服务的顾客满意度进行对比。

ACSI为美国的消费者提供了一个表达自己对所购买和使用的商品或享受的服务满意程度的机会，他们的意见会被相关的组织重视，推动商品和服务质量提高，进而使消费者从中受益。企业可以使用ACSI的数据评估其消费者的忠诚度，确认潜在的市场进入壁垒，预测投资回报以及发现造成消费者不满意的原因。同时企业也可以应用ACSI的建模和分析软件去评价自身的表现，并与业内公司比较，找到影响顾客满意度提升的基本因素和顾客满意度的提升空间。

由于ACSI建模时把消费者对商品和服务质量的评价与其满意程度联系起来，顾客满意度在行为结果上体现为顾客保留和价格容忍，这种因果关系使得ACSI具有一定的预测性。图4-1显示了ACSI与标准普尔500年收益增长的关系。

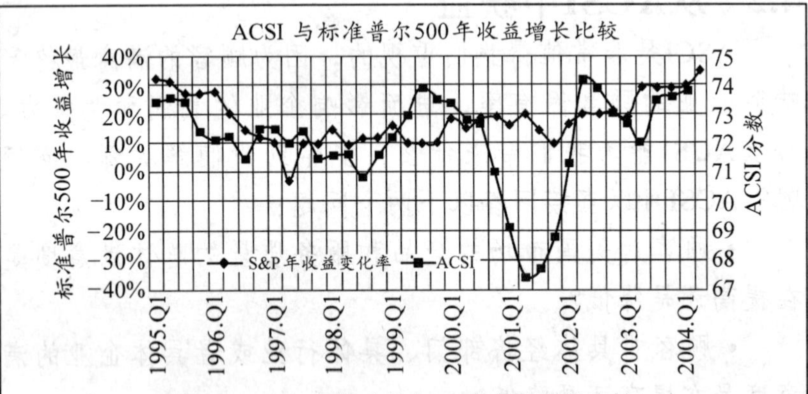


**图4-1 ACSI与标准普尔500年收益增长比较**

ACSI：企业收益的预测器——密歇根大学商学院的研究结果显示，企业收益与ACSI是正相关的。一段时期的ACSI预测了下一个阶段的收益变化。原因是一个满意的顾客对利润的贡献大于不满意的顾客。如果满意度下降，顾客会不愿意再次购买，除非价格也随之下降。当满意度上升时就会发生相反的情况：顾客更倾向于重复购买，同时对价格的上升变得不那么敏感。

ACSI的基本原则是，满意的顾客才是企业真正的资产，虽然这是无形的。对于以服务和信息交换为特征的现代经济而言，需要把无形资产进行准确评估计入经济收益。ACSI是经理人和投资者预测未来现金流量的一个实用工具。图4-2显示了位于ACSI前50%与后50%企业的市场增加值。

总之，ACSI有利于把大众的注意力集中到提高质量和顾客满意度上，把提高顾客满意度作为提高大众生活水平的一个方面。概括地说可提供以下信息。

（1）行业比较

政府可以从顾客满意度指数测评的中间过程中收集顾客抱怨数据，作为各个行业关于质量问题的信息以及对传

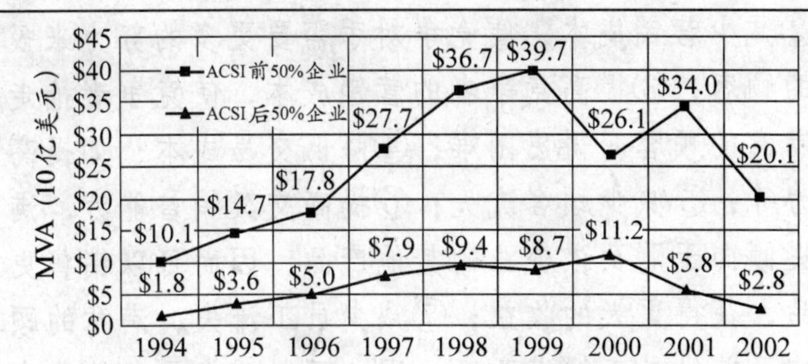


**图4-2　ACSI前50%与后50%企业市场增加值比较**

ACSI：股东价值的累计指标——对于顾客资产管理良好的公司，它的市场价值与初始投资之间一般有很大的不同。由于投资者投入和回报的价值差距反映了企业的市场价值增加（MVA），所以是企业市场表现的累计测量值。密歇根大学商学院的研究成果显示，ACSI高的企业其股东的MVA明显高于ACSI低的企业。

统经济测量方法（如生产力）的补充。

（2）根据行业平均水平实现个体企业之间的比较

一般来说，一个顾客满意度得分较高的企业，会拥有更高的利润回报和更多的重复购买。总之，顾客满意度水平较高的企业，会有一个较为光明的前景。

（3）纵向比较

ACSI是动态和连续的，它提供了企业（行业）顾客满意情况得以改善（下滑）的信息和趋势。随着时间的推移，可以观测出ACSI是否与生产力指标相关。若正如密歇根大学消费者预期指标（它显示了很强的预测能力）所证明的，消费者能预测到宏观经济的变化，那么对于微观层面的重复交易来说，基于顾客消费经验的满意度指标也应该是非常有效的。

（4）长期绩效的预测

顾客满意度的提高一般被认为能够：①使需求曲线上移或使斜率更大，可以获得更低的价格弹性和更高的利润；②减少营销成本，使竞争对手需要更多的努力来吸引自己的顾客；③提高竞争者的营销成本，使竞争者抢走本企业满意的顾客变得更困难；④降低交易成本，如提高议价能力等；⑤减少顾客流失；⑥提高交叉销售能力，满意顾客更倾向于购买该企业的其他产品，因而可以销售更多的产品，获得更大的收益；⑦减少员工流失，满意的顾客也影响了前线员工的满意度，因此可以减少员工的流失；⑧提高声誉，使企业拥有好的口碑；⑨减少损失成本，如减少停工期、返工、索赔担保等。

因此，满意的顾客被看作是一种资本，能给企业带来长期的绩效，ACSI能够提供关于这种绩效的预测信息。

（5）解答一些特定的问题

这些特定问题如各行业（企业）对顾客满意度的敏感性、质量和价格的综合作用、顾客预期的作用、提高质量对于挽留不满意顾客的作用以及转移壁垒、顾客抱怨和口碑的作用等。

## 4.3 ACSI的结果发布时间

ACSI首次发布是在1994年的10月，从那时起在滚动基础上依靠收集的7个经济部门的数据每季度更新一次。一般，每年2月的第3个星期二发布的是上一年第4季度的数据，包括零售业、金融与保险、在线交易（E-Commerce）。5月的第3个星期二发布本年度第1季度的数据，包括运输与仓储、信息产业、公共事业、医疗保健与社会救助以及宾馆与餐饮；8月的第3个星期二发布本年度第2季度数据，包括制造业/耐用品和电子商务（E-Business）；11月的第3个星期二发布本年度第3季度数据，包括制造业/非耐用品；12月发布的是公共行政管理部门与政府的相关数据。

# 第5章 ACSI测评方法

经济学家很久以前就已经有关于个体满意度是否能被测评、比较和集结的著作。起初，经济学家认为有可能设计一个能直接测评基数效用[①]的方法。后来支持序数效用[②]的经济学家认为效用最大化经济可以保留，但同时要放宽假设条件。最近，潜在变量模型得到了进一步发展，经济学家们也纷纷提出了新的观点。学者们再一次开始关注主

① 基数效用（cardinal utility）论认为：效用是可以计量并加总求和的，效用的大小可以用基数（1、2、3……）来表示。也就是说，效用的大小能用数字表示出来并且可以进行计算和比较。根据基数效用论，就可以用具体的数字来说明和研究消费者效用最大化问题。

② 序数效用（ordinal utility）论认为：效用是一种心理感觉，不可以计量并加总求和，只能表示出满足程度的高低与顺序。因此，效用只能用序数（第一、第二、第三……）来表示。

观（经验）效用。真正的挑战并不是要根据普遍的公理找到一个测评系统，而是在于认识到一个测评系统的不可靠性以及承认错误的存在。

在过去的75年中（至2000年），测评技术取得了巨大的发展。在上世纪50年代，预测和解释的数学模型开始出现，在这之前，研究主要是描述性的。一元回归方程常被应用于描述两个变量之间的联系程度，但不幸的是，相关系数经常被误解，被错误地应用到允许的范围以外。尽管变量的相关系数对变量关系特征的描述十分有限（实际上任何一个相关系数的值都应该由大量数据的线性回归关系确定，而不能只用少数几个样本计算），相关系数有时候仍然被认为具有预测性和合理性。直到20世纪80年代，伴随着第二代多元统计分析方法和相关软件的应用，相关系数的应用才取得成功。

直到最近，因果关系网络这一技术才在顾客满意度测量方面得到应用。传统统计学估计方法在分析顾客满意数据时，主要的特征在于：①分布偏斜；②多重共线性。数据中这两方面特征都是十分典型的。幸运的是，一些前沿领域，特别是化学统计学中，已经有了方法上的改进，可以用小的样本数据和多变量来进行估计。

现在，不仅可以测评不能直接观测的变量，还可以把这些不可观测变量放置于方程系统中。这意味着传统的数据测量的一些限制已被打破。因此，尽管经验只是个体行为，但并不意味着它是不可以测评或者与科学调查不相关的，因为基数效用方法不一定要提供有意义的解释。为了做到“有意义”，并不一定要完全没有错误。尽管主观（经验）效用或顾客满意度不能直接被观察到，但是可以引入一些指标来建立基于经验的模型。在最后的分析中，关键在于我们如何对测评指标进行解释以及预测的效果是否令人满意。

## 5.1 ACSI模型的建立

ACSI是用消费者的消费经验来衡量产品和服务的质量的。一个独立企业的顾客满意度指数（CSI）体现了它所服务的市场（顾客）对购买与消费情况的总体评价，包括产品的实际使用情况和对产品的期望。总体顾客满意度指标需具备统一性和可比较性的特点，因此ACSI有两个前提条件。

首先，满意度是一种来源于顾客的评价，不能被直接观测，因此ACSI中把总体顾客满意度看作一个潜变量，用多重指标的方法来测量，测量结果是潜变量的分数，可以用测量结果对各个企业、行业、经济领域和国家的顾客满意度情况进行比较。

第二，作为一个全面测评顾客满意度的方法，ACSI不仅考虑到实际消费经验，更注重对未来前景的预测。

为了使ACSI具有预测性，整个模型结构的建立以因果关系为基础，将ACSI置于一个因果关系链中考虑（如图5-1所示）。因果关系链始于影响顾客满意度的前期因素，即顾客期望、感知质量和感知价值，终止于顾客抱怨和忠诚，ACSI位于价值链的中心。通过这种设计，ACSI可以获得目标市场对企业所提供的产品和服务的评价，包括对历史情况的评价以及对未来情况的预测。

如图5-1所示，总体ACSI有三个决定因素：感知质量、感知价值和顾客期望。

总体顾客满意度的首要决定因素是感知质量或感知绩效。即接受服务的顾客群体对近期消费经历的评价，这对总体顾客满意度有直接的正向影响。为了使感知质量的测量具有可操作性，用两个概念来阐述主要的消费经历：①定

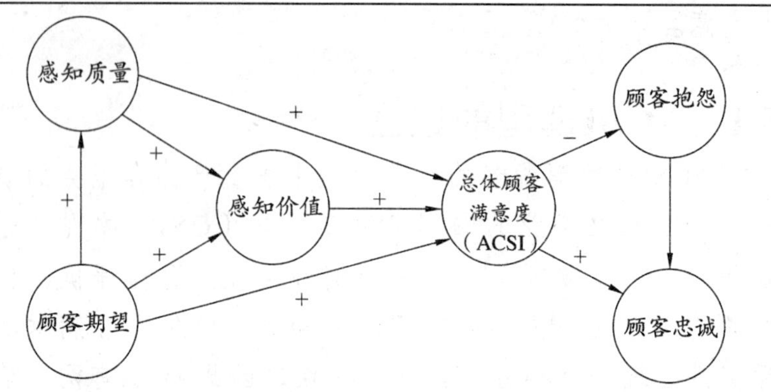


**图5-1　美国顾客满意度（ACSI）模型**

顾客期望——顾客期望包括顾客从主要媒体、广告、促销人员和其他消费者的口碑获得产品或服务的信息和经历。顾客期望影响着质量的评估以及预期（预客购买前的想法）的产品和服务。

感知质量——感知质量可以通过三个问题：整体质量、可靠性、产品和服务满足顾客需求程度（定制化）来衡量。

感知价值——感知价值通过给定价格下的质量和给定质量下的价格两个方面测量。

顾客抱怨——顾客抱怨的测量是指在一定时间内顾客对所测评企业的产品或服务产生不满，并提出不满的比例。顾客满意度和顾客抱怨之间呈负相关关系。

顾客忠诚——顾客忠诚通过考察在不同价格水平上企业产品和服务被购买的可能性来测量。顾客满意度对忠诚有一个正的影响，但是这种影响对于不同企业和行业来说差异较大。

顾客满意度——顾客满意度是指顾客的感觉状况水平，这种水平是顾客对企业的产品及服务的绩效和顾客的期望进行比较的结果。

制化，指企业提供的产品或服务能满足不同顾客需求的程度；②可靠性，指企业提供的产品或服务的可信赖性、标准化及无缺陷的程度。

总体顾客满意度的第二个决定因素是感知价值，或者称为与价格相关的产品质量的感知水平。将带有价格信息的感知价值加入ACSI模型中，增加了ACSI分析结果在企业、行业和地区间的可比性。不同的受访者之间存在着收入差异和支出预算差异，利用修正的价值来衡量绩效，可以解决这个问题，进而可以对不同价格的产品和服务进行比较。与感知质量相同，感知价值与顾客满意度之间存在正相关关系。

总体顾客满意度的第三个决定因素是顾客期望。顾客期望体现了两方面内容，一方面是对企业提供的产品的先验的消费经历，包括来自如广告和口碑的非经验信息；另一方面是对企业未来能够提供的产品质量的预测。因此，顾客期望既是回顾性的，又是前瞻性的，它涵盖了$t-1$, $t-2$, …, $t-m$时期中所有的产品质量感知信息。那么很自然，顾客感知同企业绩效（如整体顾客满意度）的累积评估结果之间具有正相关关系。同时，在$t$时期的顾客期望也能够预测$t+1$, $t+2$, …, $t+n$时期企业能够满足市场的能力。由于顾客对未来产品质量的期望影响着整体的顾客满意度，因此顾客期望对于企业与其顾客群未来关系的发展至关重要。期望的预测作用同样表明了它对总体顾客满意度有正向影响。

另外，顾客期望影响着感知质量并最终影响着感知价值。顾客期望就像一面镜子，敏锐地映射出当期产品的质量。因此顾客期望在很大程度上能够合理地反映出近期顾客所消费的产品和享受到的服务水平，并对未来的质量具有预测能力。

## 5.2 ACSI测评数据的收集

上面给出了ACSI的模型，那么输入模型的数据是如何得到的呢？原始数据从何而来呢？

前面提到作为测量顾客感知满意的指数，数据当然来自于感知的主体——顾客。在ACSI体系中，顾客是按经济部门—行业—企业分类的。为了得到相关部门的满意指数，就要向该部门的顾客索取数据，而该顾客应该是归属于该部门中的某个行业的，同时也一定归属于该行业中的某个企业或者是该企业的某个品牌。按照这个逻辑，为了获得一个全国性的顾客满意指数，ACSI覆盖了11个经济领域：①公共事业，②制造业/非耐用品，③制造业/耐用品，④零售业，⑤运输与仓储，⑥信息产业，⑦金融与保险业，⑧医疗保健与社会救助，⑨住宿与餐饮业，⑩公共行政管理，⑪电子商务在线交易[①]。

在各经济领域中，根据各行业对国民生产总值贡献的大小来选择主要行业。在每个行业中，根据总体销售情况，选择几个有代表性的行业[②]（见图5-2）。最后，在每个选定的行业中，选择一些销售额在该行业中所占比重较大的企业作为调查对象，这些企业很好地代表该行业的主要销售情况。因此测评结果能够代表国家整体的经济状况。同时可以发现，被测企业的选取是动态的，某个具体的企业是不是被囊括并保留在ACSI中取决于他们市场地位的变化，只有保持较高的市场占有率才能继续作为ACSI的测量对象。

ACSI在测量联邦政府机关的满意指数时选择的顾客都是最近与这些机构亲自打过交道的。所选的大部分机关都是有广泛影响的机关，因为它们加在一起与90%的公众发生联系。同样，地方政府服务质量的顾客满意度测量的是

---

① 根据ACSI的行业划分，电子商务（E-Business）包括新闻与信息、门户网站和搜索引擎；在线交易（E-Commerce）包括在线拍卖、在线零售、网上经纪服务和旅游服务。

② 住宿与餐饮类的有限服务餐饮（见图5-2），根据2002 NAICS（北美行业分类系统）定义：顾客点餐后先付款后消费，食品和饮料通过外卖、送餐等方式在店外食用。提供这类餐饮服务的（不包括小吃和无酒精饮料店）称为有限服务餐饮。详细内容及本文提及的其他行业定义见美国统计局网站：http://www.census.gov/epcd/naics02/。

警察和垃圾处理这两个与大多数公众都有关系的服务部门，具体见图5-2。

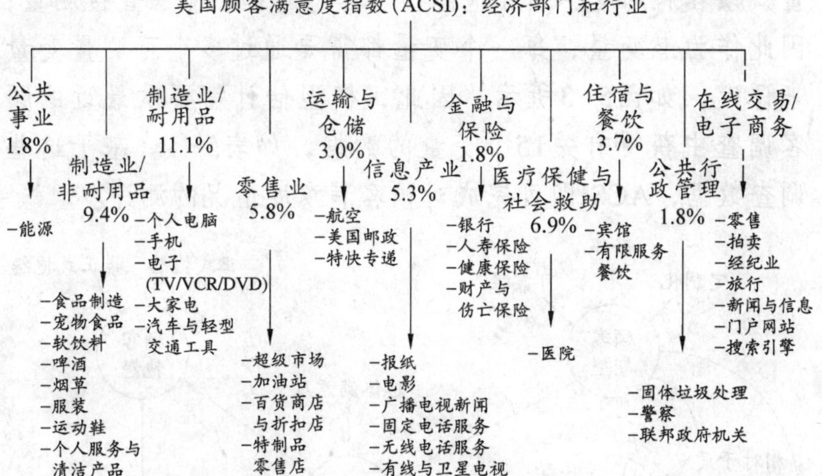


注：每个经济部门的百分数代表该经济部门占GDP的百分比；
在线交易/电子商务包含在其他经济部门中。

**图5-2 ACSI测评的经济部门及行业分布情况**

美国顾客满意度指数是基于对每年大约65 000个消费者的电话访谈获取的基础数据进行计算的结果，这些消费者的满意度是在企业层面上的。对于每个企业，选取了大约250个现有消费者进行调查，调查通过电话访谈进行（95%的家庭拥有电话）。顾客样本是随机选取的成年人。对于电子商务行业，顾客采访则是通过互联网。受访者来自美国家庭，他们是在给定的购买和消费时间段中特定产品和服务的消费者。给定的时间段是不相同的，从3年的重要耐用品的购买，到1个月之内的消费性商品和服务的经常性购买，以及最近的以顾客本人名义进行的银行或保险业务。这些被访者就其在最近特定时段内（这些时段因商品或服务的不同而不同）所购买和使用的特定商品和服务回答一些问题。那些亲自购买的人会被问到其购买的是哪个企业的或者什么品牌的商品。只有那些被确认为消费者的人才能作为最终的访问对象。

正如前面提到的，由于ACSI模型中顾客期望、感知质量、顾客满意度、顾客抱怨和顾客忠诚都不能够直接测量，因此作为潜变量，每一个变量都需要通过多个可测量变量来评定，如图5-3所示。因此，模型估计需要从最近的顾客调查中获得有关15个变量的数据，如表5-1。基于这些调查数据，ACSI即可完成对顾客满意度情况的测评。

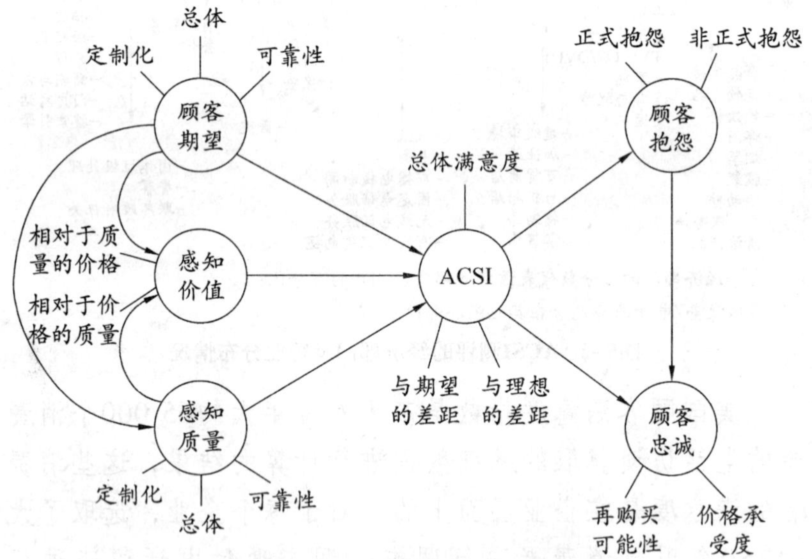


**图5-3 美国顾客满意度指数测评指标**

**表5-1 ACSI模型中的测量变量**

| 测量变量 | 潜变量 |
|---|---|
| 1. 对产品质量的总体期望（购买前） | 顾客期望 |
| 2. 对产品定制化质量或者产品满足顾客需要的程度的期望（购买前） | |
| 3. 对产品可靠性或者出错频率的期望（购买前） | |
| 4. 对产品质量的总体评价（购买后） | 感知质量 |
| 5. 对产品定制化质量或者产品满足顾客需要的程度的评价（购买后） | |
| 6. 对产品可靠性或者出错频率的评价（购买后） | |

（续）

| 测量变量 | 潜变量 |
|---|---|
| 7. 给定价格下的质量等级 | 感知价值 |
| 8. 给定质量下的价格等级 | |
| 9. 总体顾客满意度 | ACSI |
| 10. 期望失验（没有达到或者超过期望的绩效） | |
| 11. 与理想产品或服务的差距 | |
| 12. 顾客是否对产品或服务进行了正式或非正式抱怨？ | 顾客抱怨 |
| 13. 再次购买的可能性 | 顾客忠诚 |
| 14. 价格承受度（提高价格），假设存在再次购买 | |
| 15. 价格承受度（降低价格），导致再次购买 | |

下面以汽车行业的调查为例，说明ACSI是如何收集原始数据的。

### 5.2.1　顾客期望

请顾客回忆他们期望的质量水平，这些期望水平是通过顾客对产品或服务的知识背景和实际消费经历作出的判断。通常包括3个期望指标，即总体期望、顾客满意程度的期望和可靠性期望。

> 作为开始，请您先回忆一下当您购买（或租用）您的汽车之前，您对这辆车的期望如何。我将问您三个关于您的期望的问题：第一个问题是有关您对这辆车质量的总体期望的；后面两个问题是关于这辆汽车具体功能是否能满足您的个性化需求以及对它潜在故障情况的预期。每个问题您可以用1～10分来评价，分数的意义根据问题的不同会稍微有些变化。
>
> 让我们开始。
>
> **问题1**：假设回到了您购买（或租用）这辆汽车之前，您可能已经对这辆汽车的情况有一些初步的了解。现在请试着回忆一下您当时对这辆车质量的总体期望。请以10分为满分给出您的评价

分数，1分代表您的期望“很低”，依次下去，10分代表您的期望“非常高”。

您将如何给出该汽车的总体质量预期分数呢？

［分数1～10］：

给出11分代表不知道，给出12分代表拒绝回答。

（转到问题2，3）

**问题2**：仍旧在您购买（或租用）这辆汽车之前，您可能想过您自身对汽车的一些具体需求，比如说外观、性能和特色等。请给出您的评价分数，1分现在代表“非常不好”，10分代表“非常好”。

您觉得这辆车预期在多大程度上能满足您的个性需求？

［分数1～10］：

给出11分代表不知道，给出12分代表拒绝回答。

**问题3**：仍旧在您购买（或租用）这辆汽车之前，您可能也想过这辆车在其外观、性能上潜在的出问题的次数有多少，以10分为满分，1分在这里代表“非常频繁”，10分代表“很少”。

您当时预期这辆车出问题的频率是怎么样的？

［分数1～10］：

给出11分代表不知道，给出12分代表拒绝回答。

### 5.2.2 感知质量

顾客利用3个指标对其最近所使用的产品和服务的情况作出评价：总体的感知质量、感知的定制化程度和感知的可靠性。

接下来我要问您几个关于您实际使用这辆汽车经历的问题。有几个与汽车本身有关，其余的是关于这辆车相关服务的问题。

**问题4**（产品）：首先请考虑在过去3年中您所亲历的有关您这辆汽车的所有事情。使用10分制，1分代表“很低”，10分代表

"非常高"。

您将如何评价您这辆汽车的总体质量？

［分数1～10］：

给出11分代表不知道，给出12分代表拒绝回答。

**问题4**（服务）：现在请考虑在过去3年中您所亲历的有关您这辆汽车的所有相关服务。使用10分制，1分代表"很差"，10分代表"非常好"。

您将如何评价您这辆汽车的相关服务质量？

［分数1～10］：

给出11分代表不知道，给出12分代表拒绝回答。

（随机回答问题5系列和问题6系列）

**问题5**（产品）：现在考虑您对汽车的个性化需求，比如外观、性能等。使用10分制，1分代表"很低"，10分代表"非常高"。

请告诉我您的汽车实际上在多大程度上满足了您的个性化需求？

［分数1～10］：

给出11分代表不知道，给出12分代表拒绝回答。

**问题5**（服务）：现在考虑您对汽车的相关服务的个性化需求，例如安排服务的便利性、地点的可及性以及与服务用户的交流。使用10分制，1分代表"很低"，10分代表"非常高"。

请告诉我您的汽车的相关服务在多大程度上实际满足了您的个性化需求？

［分数1～10］：

给出11分代表不知道，给出12分代表拒绝回答。

**问题6**（产品）：现在请想想看，您的汽车出问题的频率有多大，这些问题是与汽车的外观、性能等有关的。使用10分制，1分代表"非常少"，10分代表"非常多"。

您的汽车实际上出问题的频率有多大？

［分数1～10］：

给出11分代表不知道，给出12分代表拒绝回答。

**问题6**（服务）：现在考虑与您汽车有关的服务经常出问题吗？这些问题包括安排服务的便利性、地点的可及性以及与服务用户的交流等。使用10分制，1分代表“非常少”，10分代表“非常多”。

与您的汽车相关的服务实际上出错的频率有多大？

［分数1～10］：

给出11分代表不知道，给出12分代表拒绝回答。

### 5.2.3 感知价值

利用两个指标测量感知价值：相对于价格的质量和相对于质量的价格。

现在请您考虑在以下两种情况下评价您这辆车：给定质量的价格和给定价格的质量。

（转到问题7和问题8，问题7、8无先后顺序）

**问题7**：相对于您的这辆汽车的质量来说，您觉得它的价格高吗？使用10分制，1分代表“非常便宜”，10分代表“非常昂贵”。

［分数1～10］：

给出11分代表不知道，给出12分代表拒绝回答。

**问题8**：相对于您为这辆汽车支付的价格来说，您觉得它的质量好吗？使用10分制，1分代表“质量非常差”，10分代表“质量非常好”。

［分数1～10］：

给出11分代表不知道，给出12分代表拒绝回答。

### 5.2.4 总体顾客满意度（ACSI）

通过3项调查可获得总体顾客满意度：①总体的满意

程度；②实际情况未达到期望或超过期望的程度；③与理想中完美的产品或服务的差距。

> 满意涵盖了很多内容，现在继续关注一下您对您这辆汽车的总体顾客满意度。
>
> **问题9**：首先，请考虑您与您的汽车有关的所有经历。使用10分制，1分代表“非常不满意”，10分代表“非常满意”。
>
> 总的来说，您对您的汽车有多满意？
>
> [分数1～10]：
>
> 给出11分代表不知道，给出12分代表拒绝回答。
>
> **问题10**：考虑前面讨论过的所有您对您这辆汽车购买前的预期，在多大程度上没有达到，或者是超过了您的预期？使用10分为制，1分代表“远没有达到预期”，10分代表“远超出预期”。
>
> 您的汽车实际上在多大程度上不足或者超出您购买前的预期？
>
> [分数1～10]：
>
> 给出11分代表不知道，给出12分代表拒绝回答。
>
> **问题11**：暂时忘掉您的汽车。现在，想像一个理想的汽车。仍然使用10分制，1分代表“与理想相距很远”，10分代表“与理想非常接近”。
>
> 与那辆理想的汽车相比，您的这辆汽车在多大程度上接近于完美？
>
> [分数1～10]：
>
> 给出11分代表不知道，给出12分代表拒绝回答。

### 5.2.5　顾客抱怨

顾客抱怨有两种测评方法：①顾客正式的抱怨（通过信件或者电话告知生产商）；②非正式的抱怨（向服务人员或者零售商抱怨）。

接下来请您想想您和这辆汽车的制造商、经销商或者维修厂的所有沟通，这些沟通是有关您的抱怨的。

**问题12**：您在过去3年中曾经抱怨过您的汽车吗？

1. 有
2. 没有
3. 不知道
4. 拒绝回答

（如果问题12的答案是1，回答问题12A；否则转到问题15）

**问题12A**：您的抱怨被处理的恰当程度是多少？使用10分制，1分代表“处理得非常不当”，10分代表“处理得非常好”。

您怎样评价对您抱怨的处理？

［分数1～10］：

给出11分代表不知道，给出12分代表拒绝回答。

## 5.2.6 顾客忠诚

顾客忠诚也有两种测评方法：①通过顾客再次购买的可能性来测量；②通过公司不断提高产品价格，致使顾客不再购买该公司的产品时的最高价格（前提条件是假设顾客倾向于再次购买）以及公司降低产品价格，促使顾客再次购买该公司产品时的最低价格（前提条件是假设顾客倾向于不再购买）这两个变量进行测量。

**问题13**：下一次如果您再购买（或租用）一辆新车的时候，有多大的可能性再次购买您现在的这个牌子？使用10分制，1分代表“可能性很小”，10分代表“非常有可能”。

［分数1～10］：

给出11分代表不知道，给出12分代表拒绝回答。

（如果问题13的分数为6～10，回答问题14；否则转到问题15）

问题14：现在请想像一下提升这辆汽车的价格。如果其他品牌的汽车价格不变，您待汽车价格最多提到什么程度还会再次购买（或租用）？

请用项目前的数字给出您的答案。

0～25：提高幅度在25%以内时，［0%～25%］：

26：26%或更高

101：绝不会购买（或租用）其他品牌

102：不知道

103：拒绝回答

（如果问题13的分数为1～5，回答问题15；否则结束）

问题15：现在请想像一下您这个品牌的汽车降价了。如果其他品牌的价格不变的话，您待汽车降价到什么程度才会再次购买（或租用）原来牌子的汽车？

请用项目前的数字给出您的答案。

0～25：降幅不足25%时，［0%～25%］：

26：26%或更高

101：绝不会再次购买（或租用）这个品牌了

102：不知道

103：拒绝回答

被采访的对象是按照随机摇号的方法抽取的（包括电话样本和网络样本，网络样本用来计算电子商务的数据）。数据都是以每一个顾客为单位收集的。对于某一个企业，它的所有顾客给它打的分数归集在一起生成了该企业的评分结果。而对于一个行业，它的评分结果就是它所包括的企业的分数进行加权平均的结果，各企业权重是根据它们收益水平的不同确定的，但当企业生产的产品出现跨行业的情况时，只计算属于该行业的产品的销售收益。如计算Philip Morris生产的Miller啤酒在软饮料和啤酒行业中的销售额，就不包括其他Philip Morris产品的销售。经济部门的满意指数则相应地由其包括的行业的满意指数加权计算得出，权重则为各行业的收益水平。同理，全国的ACSI也是这样计算：以各经济部门对GDP的贡献大小为权重计算平均值。

## 5.3 ACSI的测评技术

研究发现，在竞争性市场环境下，顾客满意度和质量评估的频率分布通常是负偏度的。为减少极度偏移而产生的统计误差，ACSI采用10分制（相对于5分制或7分制）使消费者能够更好地对指标进行区分，使用多重指标测量也能够减少偏度。模型估计使用的是偏最小二乘法（PLS）。该方法采用迭代技术对因果模型进行估计，不需要数据分布假设，适用于连续变量和分类变量。偏最小二乘法能够估计测量变量的权重，并使它们对顾客忠诚度的解释能力最大化，其中顾客忠诚度是作为最终的内生变量或者因变量出现的。估计出的权重用于构建ACSI或者其他模型的指数值（转换成0～100分的尺度）。

图5-1所描述的模型可由一系列方程表示，在给定预测价值的条件下，总体方程为：

$$E\left[\eta|\eta,\xi\right]=\boldsymbol{B}\eta+\boldsymbol{\Gamma}\xi \qquad (5-1)$$

式中，$\eta'=(\eta_1, \eta_2, \cdots, \eta_m)$ 和 $\xi'=(\xi_1, \xi_2, \cdots, \xi_n)$ 分别是内生变量和潜在外生变量的向量；$\boldsymbol{B}(m\times n)$是$\eta$的参数系数矩阵；$\boldsymbol{\Gamma}(m\times n)$是$\xi$的参数系数矩阵；且$E[\eta\xi']=E[\xi\xi']=E[\xi]=0$，其中$\xi=\eta-E[\eta|\eta, \xi]$。

模型中潜变量的表达式为：

$$\begin{bmatrix}\eta_1\\\eta_2\\\eta_3\\\eta_4\\\eta_5\end{bmatrix}=\begin{bmatrix}0&0&0&0&0\\\beta_{21}&0&0&0&0\\\beta_{31}&\beta_{32}&0&0&0\\0&0&\beta_{43}&0&0\\0&0&\beta_{53}&\beta_{54}&0\end{bmatrix}\begin{bmatrix}\eta_1\\\eta_2\\\eta_3\\\eta_4\\\eta_5\end{bmatrix}+\begin{bmatrix}\gamma_{11}\\\gamma_{21}\\\gamma_{31}\\0\\0\end{bmatrix}\xi+\begin{bmatrix}\xi_1\\\xi_2\\\xi_3\\\xi_4\\\xi_5\end{bmatrix}$$

（5-2）

式中：$\xi$——顾客期望；

$\eta_1$——感知质量；

$\eta_2$——感知价值；

$\eta_3$——ACSI；

$\eta_4$——顾客抱怨；

$\eta_5$——顾客忠诚。

潜变量和观测变量的关系为：

$y=\Lambda_y\eta+\varepsilon$

$x=\Lambda_x\xi+\delta$

其中，$y'=(y_1, y_2, \cdots, y_p)$ 和 $x'=(x_1, x_2, \cdots, x_p)$ 分别是内生变量和外生变量。

$\Lambda_y(p\times m)$和$\Lambda_x(q\times n)$是相应的回归矩阵。

通过PLS估计可得到：

$$E[\varepsilon]=E[\delta]=E[\eta\varepsilon']=E[\xi\delta']=0$$

ACSI中相关方程为：

$$\begin{bmatrix}x_1\\x_2\\x_3\end{bmatrix}=\begin{bmatrix}\alpha_{11}\\\alpha_{21}\\\alpha_{31}\end{bmatrix}\xi+\begin{bmatrix}\delta_1\\\delta_2\\\delta_3\end{bmatrix}\quad(5\text{-}3)$$

$$\begin{bmatrix} y_1 \\ y_2 \\ y_3 \\ y_4 \\ y_5 \\ y_6 \\ y_7 \\ y_8 \\ y_9 \\ y_{10} \\ y_{11} \end{bmatrix} = \begin{bmatrix} w_{11} & 0 & 0 & 0 & 0 \\ w_{21} & 0 & 0 & 0 & 0 \\ w_{31} & 0 & 0 & 0 & 0 \\ 0 & w_{12} & 0 & 0 & 0 \\ 0 & w_{22} & 0 & 0 & 0 \\ 0 & 0 & w_{13} & 0 & 0 \\ 0 & 0 & w_{23} & 0 & 0 \\ 0 & 0 & w_{33} & 0 & 0 \\ 0 & 0 & 0 & w_{14} & 0 \\ 0 & 0 & 0 & 0 & w_{15} \\ 0 & 0 & 0 & 0 & w_{25} \end{bmatrix} \begin{bmatrix} \eta_1 \\ \eta_2 \\ \eta_3 \\ \eta_4 \\ \eta_5 \end{bmatrix} + \begin{bmatrix} \varepsilon_1 \\ \varepsilon_2 \\ \varepsilon_3 \\ \varepsilon_4 \\ \varepsilon_5 \\ \varepsilon_6 \\ \varepsilon_7 \\ \varepsilon_8 \\ \varepsilon_9 \\ \varepsilon_{10} \\ \varepsilon_{11} \end{bmatrix} \tag{5-4}$$

式中：$x_1$——顾客对总体质量的期望；

$x_2$——顾客对可靠性的期望；

$x_3$——顾客对定制化程度的期望；

$y_1$——总体质量；

$y_2$——可靠性；

$y_3$——定制化程度；

$y_4$——给定质量的价格水平；

$y_5$——给定价格的质量水平；

$y_6$——总体顾客满意度；

$y_7$——与期望产品（服务）的差距；

$y_8$——与理想产品（服务）的差距；

$y_9$——正式或非正式的投诉行为；

$y_{10}$——重复购买意向；

$y_{11}$——价格承受度（保留价格）。

ACSI的一般形式如下：

$$ACSI = \frac{E[\xi] - \min[\xi]}{\max[\xi] - \min[\xi]} \times 100 \tag{5-5}$$

式中，$\xi$是顾客满意度的潜变量（即式（5−2）中$\eta_3$）；$E[\cdot]$，$\min[\cdot]$，$\max[\cdot]$分别代表变量的期望值、最小值和最大值。变量的最小值和最大值是由相应的测量变量值决定的，即

$$\min[\xi]=\sum_{i=1}^{n}\omega_i \min[x_i] \quad (5\text{-}6)$$

$$\max[\xi]=\sum_{i=1}^{n}\omega_i \max[x_i] \quad (5\text{-}7)$$

式中，$x_i$是潜在总体顾客满意度的3个测量变量（即总体顾客满意度、与期望产品（服务）的差距以及与理想产品（服务）的差距）；$\omega_i$是相应的权重；$n$是测量变量的个数。计算ACSI时，如果采用非标准测量值，则必须使用非标准权重。

在ACSI中，顾客满意度范围从1到10，计算公式可以简化为：

$$ACSI=\frac{\sum_{i=1}^{3}\omega_i\bar{x}_i-\sum_{i=1}^{3}\omega_i}{9\sum_{i=1}^{3}\omega_i}\times 100 \quad (5\text{-}8)$$

式中，$\omega_i$是非标准权重。

# 第6章

# ACSI的评价标准

在大多数情况下，测量顾客满意度只是采用直接的方式，也就是通过询问的方式，对顾客购买或者使用的产品和服务进行评估，评估的结果直接汇总。这种直接的方式在处理上可能满足“简单”这一准则，但用在其他准则上可能会显示出一定的缺陷。ACSI的最终目的是能够更加精确和全面地描述经济产出质量，科学预测经济回报，为经济政策提供有用信息以及成为经济情况健康程度的指示剂。因此要用以下标准评价ACSI：①精确度，②有效性，③可靠性，④预测性，⑤覆盖性，⑥简易性，⑦诊断性，⑧可比较性。

## 6.1 精确度

精确度代表了ACSI评估价值的准确程度。ACSI的第一个四年的测评结果显示，在置信区间为90％情况下，国家指标的误差为±0.2；6个经济部门的平均指数误差为0.5；公共行政管理和政府部门是±1.3。对于行业来说，制造业部门内行业的平均误差是±1.0，服务业是±1.7，政府部门为±2.5。对于具体企业，制造企业平均误差是±2.0，服务和代理类企业是±2.6。这样的精确程度来源于大量的数据搜集、精心的变量设计以及潜变量模型的建立。相关的研究表明，与使用单一问题（直接问被访者有多满意）调查顾客满意度相比，潜变量建模在精确度上提升了22%。

## 6.2　有效性

有效性指的是测量指数在多大程度上代表了真实的顾客满意程度，以及是不是按照预期的方式将原因和结果建立起了联系。有效性的判别方法是显而易见的，它是指ACSI结构中各个变量间的差异程度（如果两个变量间差异不大则可合并为一个变量）。例如，对于期望质量和顾客满意度这两个测评变量不只是有一个概念上的区别，还有经验上的区别。也就是说，用于测评ACSI这个变量的诸多问题之间的协方差要明显大于这些问题（用于测评ACSI的问题）与用于测评期望质量的问题之间的协方差。

ACSI模型的有效性有两个检验方法：潜变量的协方差解释和复相关系数（$R^2$）。平均94%的潜变量的协方差结构可由结构模型解释。顾客满意度模型的平均复相关系数是0.75。另外，模型中所有变量的相关系数都有期望的显著性，大部分都具有显著的统计意义。

顾客满意度的测评中，有效性有几个威胁，其中最主要的是频数分布的偏斜。顾客在不同程度上倾向于用较高分数来表达满意。偏斜就是由于顾客使用分类尺度（1~10）中较大的数字以及使用多重指标方法造成的。已证实，有效性随着分类的增加而增加（Andrews,1984），尤其是当调查者对主体事物有很好的知识背景并且调查者的分布是高度偏斜的时候。满意度作为一个“度”，不是“满意”和“不满意”的二元概念。如果是二元的，精确度就降低了，有效性会被质疑，预测能力也会降低。

## 6.3 可靠性

一个测评的可靠性是由它提供的信号信息（真实信息）与噪音信息（虚假信息）的比率决定的。也就是说测评误差取决于实际因素与随机影响的比较。如果一个测量值在一段时间内是稳定的或者与其他同类指标保持一致，就可被认为是高可靠性的。ACSI的信噪比（以方差的形式）大约是4：1。

## 6.4 预测性

ACSI的一个重要作用就是对经济回报的预测。ACSI模型中用两个标准变量代表经济回报：①顾客保留（估计再次购买的可能性）；②价格承受力（保留价格）。

ACSI认为满意的顾客是公司的一笔无形的但却真实存在的资产。由于经济资产是为资产所有者带来未来收入的源泉，因此，如果将顾客满意度视为一种经济资产，就可以用ACSI来预测公司的经济收入。当然，ACSI在财务方面的重要结论应该被说明和记录。如果能证明ACSI和财务收入是相关联的，那么就能证明ACSI指数具有外部有效性。

密歇根大学商学院已经对ACSI和经济回报之间的关联性作了大量研究，对公司的账面价值和股票市场回报之间的关系进行了分析。这些研究表明它们之间有很强的统计相关关系。

①ACSI和资产回报的账面价值之间有显著的正相关关系。

②ACSI和普通股的市场价值之间有显著的正相关关系。通过对公司总资产和负债的账面价值分析会发现，ACSI增加一个百分点，会使市场价值平均增加646美元。ACSI、市价净值比（market-to-book values）之间也存在显著的正相关关系。ACSI和风险指标之间有负相关关系，表明高忠诚度和高满意度公司的财务状况相对稳定，不易发生变动。

③ACSI和公司长期财务绩效之间有显著的正相关关系。测评长期绩效最好的方法是用托宾值$q$来测量。$q$是指公司未来现金流的现值与总资产的比率。其他因素不变的情况下，ACSI和托宾值$q$之间有显著的相关性。

④1994年以来，ACSI的变化与股票市场密切相关。任何证券的当前市场价值都是市场对公司未来收入的现值估计。如果大部分的重要资产来自于顾客群的满意度，那么ACSI的变化将引起股票价值的变化。1997年，股票市场呈上升走势而ACSI却呈下降走势，然而，在接下来的一段时间内ACSI出现了明显的下降，股票市场的上升趋势也随之减慢。相反，当ACSI轻微下降，相应的股票市场会出现大幅度的上涨趋势。通过6年来（1994～2000年）对ACSI的测评，发现ACSI和道·琼斯工业平均指数之间有很强的关联性。这种关系说明股票价格对公司规模的缩减、成本降低及生产力提高作出了反应，也说明了质量尤其是服务部门质量的下降（如ACSI的下降）没能抵消成本降低、生产力提高等正向的影响。同样地，这也说明了顾客对满意度下降的忍耐力是有极限的，达到极限时，顾客无法再忍受满意度继续下降，在这个临界条件时（估计大约是ACSI每季降低1.4%），股票市场就不能够再升值了。

大约130个上市公司的ACSI分数表明：ACSI与传统的绩效衡量标准有统计上的正相关关系。传统的绩效衡量标准有资产回报率、股票收益率、市盈率、市价净值比等。此外，拥有较高ACSI分数公司的股票收益高于市场平均水平。ACSI方法为顾客满意度的测评提供了一个可靠且有效的方法，这种方法很有前景，并和公司经济绩效相关联。

## 6.5 覆盖性

ACSI测评涵盖美国经济的主要部分，ACSI测评的公司销售收入之和大约占到美国GDP的30%。但测评公司实际总产出超过GDP的40%，这是因为ACSI只测评了公司对于其在国内市场的家庭消费者的销售收入。第5章讨论了ACSI所涵盖的经济领域和行业。不同行业中，所测评的公司数目从2到22个不等。

ACSI的国家指数和各行业、经济部门的指数反映了各自对应的企业所创造的产品和服务的综合质量。每个企业所占相应行业的权重用其销售额来衡量。同样地，每个行业的销售收入也用来衡量该行业占所在经济部门的权重。计算国家指数时，用每个经济部门占GDP的百分数来计算其权重。数学上的定义如下。

$s$部门中的$i$行业，在$t$时间内指数

$$I_{ist} = \sum_{f}^{F} \frac{S_{fist} I_{fist}}{\sum_{f}^{F} S_{fist}}$$

$s$部门在$t$时间内指数

$$I_{st} = \sum_{i}^{I} \frac{S_{ist} I_{ist}}{\sum_{i}^{I} S_{ist}}$$

式中：$S_{fist}$——部门$s$、行业$i$中的$f$企业，在$t$时间内的销售收入；

$I_{fist}$——部门$s$、行业$i$中的$f$企业，在$t$时间内的满意度指数；

$S_{ist}=\sum_{f}^{F}S_{fist}$——在时间$t$内，行业$i$的总销售收入。

指数每季度更新一次。在每个季度的第3个月末都会根据1年的数据生成1或2个行业的顾客满意度指数。国家指数由各部门的最新数据计算。

$t$时间内，国家顾客满意度指数

$$I_t=\sum_{t=T-3}^{T}\sum_{s}^{S}\frac{S_{st}I_{st}}{\sum_{t=T-3}^{T}\sum_{s}^{S}S_{st}}$$

式中：$S_{st}=\sum_{i}^{I}S_{ist}$——在时间$t$内，部门$s$的总销售收入。

## 6.6 简易性

尽管模型估计很复杂，但ACSI估计相对简单且合理。在0～100范围内将ACSI的值进行归一化处理。ACSI的估计值是一个绝对值，但和其他经济指标一样，也可以用百分数来表示其随时间变化的程度。

## 6.7 诊断性

测评ACSI的方法中估计了ACSI与其影响因素之间的关系。这些影响因素包括顾客满意度的产生原因（顾客期望、感知质量、感知价值）以及顾客满意度导致的结果（顾客抱怨、顾客忠诚）。因此，ACSI不但能够提供顾客满意度的信息，还能够分析满意产生的原因以及满意导致的结果。例如，ACSI可以估计产品和服务的可靠性；评价定制化的效果；分析顾客期望的作用；预测由于顾客满意度的提高而使顾客量不断提高所带来的经济利润。

然而，ACSI的诊断具有一定的局限性。ACSI所选的测评方法的优点在于对顾客满意度整体水平上的无偏估计，而不是每个相关系数的无偏估计。为了使系数具有无偏性和一致性，采用了标准的统计假设。但是，认为所有的诊断都具有同样的效用是不现实的。很明显，对于销售不同产品给不同市场的企业来说，任何一种诊断如果不与特定的品牌相联系的话，它的意义是很有限的。

## 6.8 可比较性

不同的顾客、企业以及行业和经济部门之间的满意度是否可进行比较是一个重要问题。福利经济学告诉我们，任何效用之间的比较都是复杂的。ACSI与其他使用问卷调查的测评方法一样，不能确定调查问卷的尺度对每个受访者都具有同样意义。ACSI方法把顾客满意度看作是一种高度抽象的潜在（不可直接观察的）变量，这为满意度的可比性提供了基础。但这并不意味着比较是没有误差的，只是说这种误差相对较小。对ACSI能否提供一个合理的比较标准（对国家、个体、企业等的比较）进行最终评定尚不成熟，还需要检验“外界”因素（例如行业集中程度以及供给和需求的差异性）在多大程度上造成了指数的偏差。结果表明，国家、经济部门和行业间的差异很大程度上是由于行业结构的不同造成的。

# 第7章

# ACSI测评结果分析

将单个受访者作为观测对象，可以描述出美国7个经济部门[①]的ACSI测评结果。模型先对每一个公司的ACSI进行测评，结果再汇总到行业、经济部门和国家总体。下面将讨论ACSI模型的一般应用和几个关键性发现：①指数的横向、纵向比较；②定制化和可靠性对ACSI的重要性；③顾客期望的预测性；④价格和质量的相对重要性。

## 7.1 满意度指数的横向、纵向比较

在给定的一段时间内，可以对企业、行业、经济部门

① 7个经济部门分别是：制造业/非耐用品（$n$=12 075；样本的26.8%）、制造业/耐用品（$n$=7 828；17.4%）、运输/通信/公用事业（$n$=10 101；22.4%）、零售业（$n$=7 243；16.1%）、金融/保险（$n$=3 326；7.2%）、其他服务（$n$=3 328；7.4%）、公共管理/政府（$n$=1 183；2.6%）。

和国家的ACSI分数进行横向比较。例如，可以与同行业内最好的企业相比较来判断本企业的运营情况，也可以与同一个经济部门内其他行业中最好的企业进行比较，或者与国家范围内最好的企业进行比较。同时也可以实现相近行业和经济部门之间的比较。图7-1显示的是1994年10月不同的行业、经济部门和总体的ACSI的结果。产品制造业平均ACSI为80，服务业和零售业是75，公共行政管理和政府部门是64。这些数据表明顾客对产品制造业最满意，其次是服务业，最后是政府和公共行政部门。

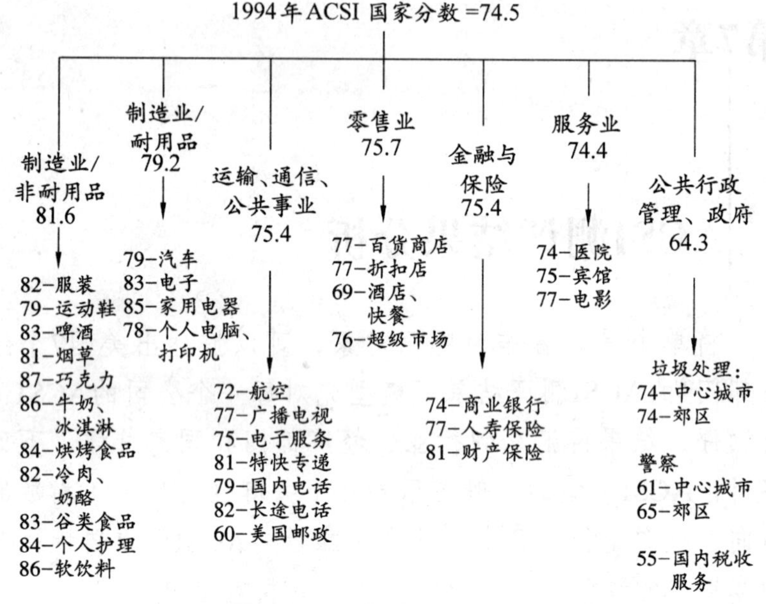


**图7-1　1994年基线ACSI结果**

ACSI也可以与瑞典的SCSB（Swedish Customer Satisfaction Barometer，瑞典顾客满意度指数）和德国的DK（Deutsche Kunden-barometer，德国顾客满意度指数）相比较。例如，尽管在ACSI中部门划分的标准与SCSB和DK是不同的，但最终测量结果是一致的，即产品制造业的满意度分数高于服务业，公共行政部门分数最低。然而，与SCSB和DK相比，ACSI的分数相对高一些，尤其在产品制造业和服务业中。

另外，可以根据ACSI分数的横向比较来判断一个企业在该行业中的竞争地位。在竞争性市场环境下，处于优势地位的企业如西南航空公司，它的ACSI为76，该行业的平均分数是69；戴尔电脑的ACSI为79，位于计算机制造业的前列。它们都已建立了难以模仿的竞争优势，成为各自行业中的佼佼者。在行业竞争中处于劣势的企业，如现代汽车，ACSI为68，远远低于行业平均分数80；A&P公司的ACSI为69，同样低于行业平均分74，显然，它们都很容易遭受竞争者的攻击。

除横向比较之外，观察ACSI随时间变化的情况，还可以实现纵向比较。美国顾客满意度指数测评方法在时间和内容上都以自身为基准。例如，将1994年的ACSI作为基准，用其他时间段的ACSI与其进行比较，就可以判断顾客对某个企业、行业及国民经济中的各部门所提供的产品和服务满意度的变化情况。例如，由图7–2可发现国家总体的ACSI分数在降低，从1994年的74.5降到1996年第1季度的73.0。对下降的原因作具体分析，可以发现下降的主要原因来自于顾客对服务业满意度的下降。如果说在一定范围

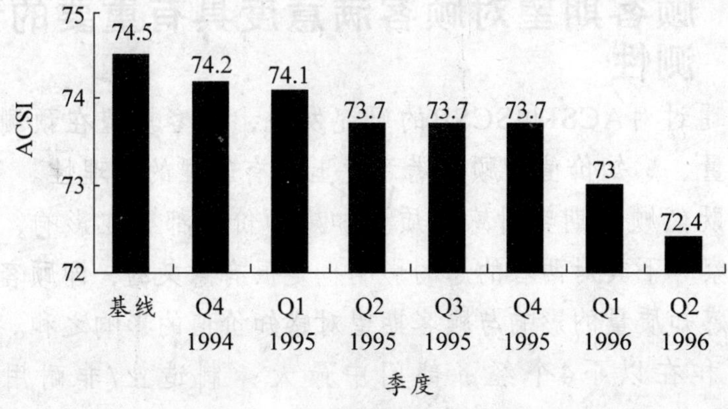


图7–2 一段时间内的美国ACSI结果

内长期利润来源于顾客忠诚和从长期购买关系中获得的总收益，那么顾客对服务满意度的降低可以作为对企业长期财务状况的预警信号。更重要的是，由于服务业是国民经济的一个重要组成部分，并且在国民经济中所占比重正在不断增加，满意度的降低可能反映了总体经济状况的衰落和消费质量的下降，同时意味着国民生活水平的下降。

## 7.2 定制化比可靠性对顾客满意度影响更大

测量变量间的相关系数表明，对于顾客期望和感知质量而言，定制化比可靠性更重要。在期望的构成中，期望质量、定制化和可靠性的平均相关系数分别为0.81、0.85和0.68。感知质量构成中，质量、定制化和标准化的平均相关系数分别是0.907、0.906和0.77。对于所有经济部门，定制化测量值的相关系数要明显高于标准化测量值的相关系数（对于顾客期望和感知质量都是如此）。这就说明，在生产或服务过程中努力消除产品或服务之间的差异，虽然可以使企业获得感知质量和顾客满意度的提高，但根据顾客或细分市场的需求量身定做会使顾客满意度提高得更明显。

## 7.3 顾客期望对顾客满意度具有重要的预测性

通过对ACSI和SCSB的研究发现，顾客期望在预测感知质量、感知价值和顾客满意度上具有较强的合理性。

既然顾客期望对感知质量和感知价值都存在影响，那么考察一下其对两者的总的影响也是很有意义的，即顾客期望对感知质量的影响与顾客期望对感知价值的影响之和。影响总和在以下4个经济部门中最大：制造业/非耐用品=0.68；运输/通信/公共事业=0.71；零售业=0.81；公共行政管理/政府=0.67。而对于其他经济部门则相对小一些，如制造业/耐用品=0.45；金融/保险业=0.58；服务业=0.59。这一结果也印证了一个观点：当消费和生产要素差异性较大时，顾客期望的预测作用会显得相对薄弱。在产品方面，如果某些特殊的产品或服务很难标准化，或者对质量的优劣判断是相对模糊的，那么消费经历就存在较大的差异性，此时顾客期望的影响将会变小。类似地，在消费方面，如果消费者通过自身的消费经历或者专业知识的判断觉得产品存在较大差异，则顾客期望的影响同样会比较小。例如在一些消费者购买比较频繁或者购买相对有规律的行业里，顾客期望对感知质量、感知价值和顾客满意度的预测效果更加显著。如果交易的频率降低，消费者的直接经验相对较少，则顾客期望对感知质量和感知价值的预测能力也相应变小。

对于顾客期望对顾客满意度的直接影响，也有类似的结论。如图7–3所示，在两个行业中顾客期望对满意度的影响较大：制造业/非耐用品=0.06；零售业=0.07。这两个经济部门都有一个共同的特点，即生产与消费因素差异性较小。顾客期望对满意度影响最大的是公共行政管理/政府

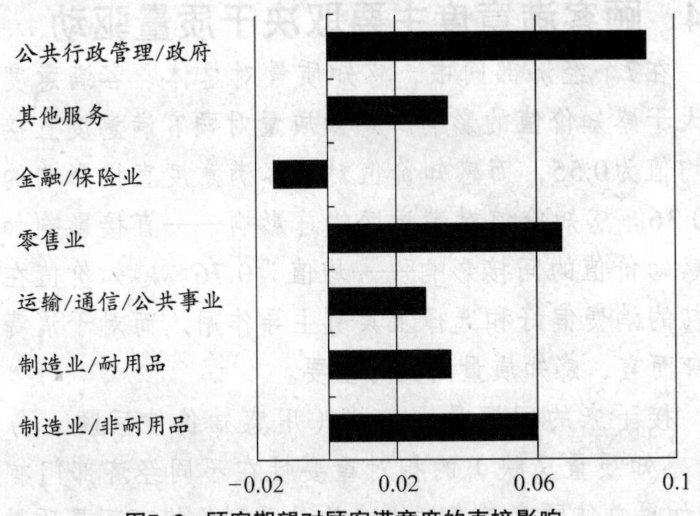


图7–3　顾客期望对顾客满意度的直接影响

部门=0.09。即政府机关的顾客满意度受顾客期望的影响最大。这也许是因为一种“光环效应”对满意度有影响，因为某些政府机关（如美国国内税收服务机关）给消费者留下较差的印象。而据Kahneman和Tversky的研究，负面因素比正面因素的影响作用更大。

另外，顾客期望对满意度的总体影响（期望的直接影响加上通过感知质量和感知价值得到的对整体顾客满意度的影响）也具有类似的结果。顾客期望的总体效应对公共行政管理/政府（0.59）和零售业（0.59）的影响较大，然后是运输/通信/公共事业（0.53）、制造业/非耐用品（0.49）和服务业（0.47）。顾客期望的总体效应对制造业/耐用品（0.36）和金融（0.41）的影响是最低的。因为在这两个经济部门中，产品质量的当期感受对满意度具有更显著的影响，并且在决定总体顾客满意度时，当期质量感受比先前的质量感受更具主导地位，例如在汽车业或信托基金行业中即是如此。与此相反，在顾客期望有较大影响力的经济部门里，长期声誉则可能具有主导性的作用。

## 7.4 顾客满意度主要取决于质量驱动

在7个经济部门中，感知质量对总体顾客满意度的影响大于感知价值的影响。感知质量对顾客满意度直接影响的均值为0.55，而感知价值对顾客满意度直接影响的均值为0.36。感知价值对满意度的总影响——直接影响加上通过感知价值的间接影响——均值为0.76。感知价值在顾客最初的消费偏好和选择上具有主导作用，而对于消费经历本身而言，感知质量则更为重要。

接下来的问题是，价格（用感知价值反映）与质量（用感知质量反映）的相对重要性在不同经济部门有何变化?如果总体顾客满意度更多的是受到价格而不是质量的驱动，那么价格每变化一个百分点，对总体顾客满意度产生的影响要高于质量变化一个百分点对总体顾客满意度产生的影响。价格—质量对满意度的驱动比率（price-versus quality-driven satisfaction ratio）可以通过感知价值每变化一个百分点产生的顾客满意度的变化除以感知质量每变化一个百分点产生的满意度的总体变化（质量对满意度的直接影响加上质量通过感知价值对满意度的间接影响）得到。

如图7–4中所示，价格—质量对满意度的驱动比率在制造业/非耐用品和运输/通信/公共事业中最高，分别为0.53和0.56，而所有经济部门平均驱动比率为0.47。对于制造业/非耐用品，该比率相对较高，与该经济部门中各行业价格竞争激烈是一致的。价格—质量对满意度的驱动比率在运输/通信/公共事业部门更高，是因为这个部门提供的是以价格竞争为基础的生活必需品以及生活必需的服务。

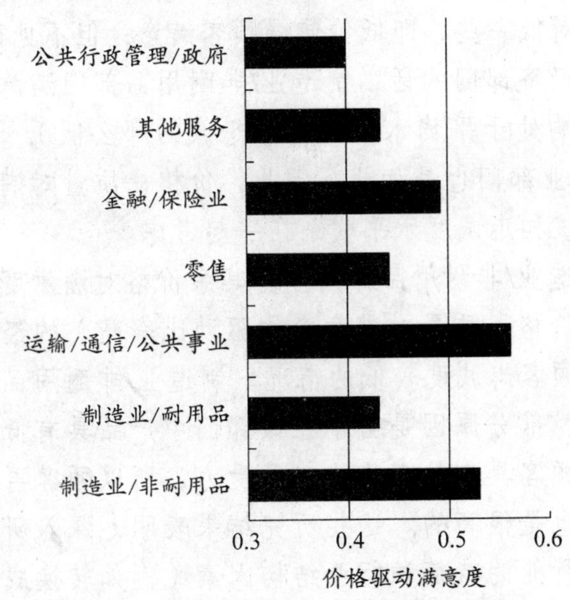


**图7–4 价格—质量对满意度的驱动比率**

价格—质量对满意度的驱动比率在以下几个部门中是最低的：制造业/耐用品（0.43）、其他服务（0.43）、零售业（0.44）和政府机构（0.40）。这说明，相对于其他部门，质量在这四个部门中起着更大的作用。前两个经济部门（制造业/耐用品和其他服务）具有顾客参与程度和定制化程度相对较高的特点。对于零售业，质量和价格的影响同时较低，这可能是与该经济部门受区域影响较大有关。公共行政管理和政府部门的比率最低主要是由于在这个部门中不存在“讨价还价”的定价特点，要么接受服务，要么离开，因此服务质量对满意度起到了决定性的作用。

尽管我们的观测是以经济部门的数据为基础的，但总的来说，用价格—质量对满意度的驱动比这一指标评价感知价值与感知质量对满意度的重要性是比较合理的。若进一步研究，价格—质量对满意度的驱动比还应该与其他指标相联系。例如，在整体顾客满意度受价格驱动影响较为明显的行业里，我们也许会认为整体顾客满意度对忠诚度的影响相对低一些，即低价使得顾客满意，但不见得忠诚。如果考虑经济部门的话，制造业/非耐用品部门满意度对忠诚度的影响处于平均水平（而非想像的那么低），运输/通信/公共事业部门也是如此。因此，价格—质量对满意度的驱动比应该和忠诚度水平联系在一起考虑。

除制造业/非耐用品部门外，其余价格对满意度影响相对较高（价格—质量对满意度的驱动比率高）的经济部门都会出现顾客忠诚度较低的情况。制造业/非耐用品部门之所以例外，部分原因是由于在该部门中产品具有低价的特性，因此顾客具有较高的价格承受力，所以顾客再次购买的可能性也是很高的。这些研究结果表明，深入研究需要注意不同行业的特征和行业结构因素（例如转换成本和行业集中程度），它们可能影响忠诚度，同时也会对总体顾客满意度与忠诚度的关系产生影响。

# 第8章

# 美国顾客满意度指数小结

美国顾客满意度指数的建立是国家满意度指数研究的一个进步，它提供了一套统一的测评方法来测量经济生活中的产出和消费质量。对经济运行的健康状况和企业竞争状况的了解是经济研究中必不可少的一个重要环节。例如，在研究服务业时，如果发现总体顾客满意度下降则说明全国服务质量下降了，应引起社会各界的广泛关注。

在国家竞争力和国民福利政策的制定方面，ACSI有潜力成为一种测评和促进国家经济发展的有效工具。在测评国家经济状况时，ACSI对传统的产品和服务数量的测评方法（例如生产力和价格指数的度量）进行了补充，将这些基于数量的测量方法加入质量信息加以均衡。对于立法机关，ACSI可用以预测和监控公共政策实施的影响，例如关于违规、税收、税率、限价和降价等方面的问题。在贸易平衡方面，ACSI具有提前预警功能，可以判断一个行业在自由竞争条件下，是否具有抵抗外来竞争的能力。

对于管理者和投资者而言，ACSI提供了一个重要的测评工具，用以测评企业过去、当前以及未来的业绩及财务状况。同时能够对公司最基础的利润源——顾客进行测评。较高的顾客满意度能够增加顾客忠诚度，降低价格弹性，提高市场份额，降低运输成本，降低经营风险，同时降低吸引新顾客的成本，并帮助公司建立市场中的信誉。因此，ACSI为企业未来的财务状况提供了一个主导性指标。通过建立一套与未来绩效相联系的标准化的质量测评方法，ACSI可以帮助管理者和投资者建立有利于股东价值提升的长远观点。

实践证明，ACSI作为财务绩效的主要指标越来越具有说服力，比如在财务利润和股票价值方面的应用。更值得关注的是，ACSI和SCSB都与投资回报率具有正相关关系。在市场价值上，Ittner和Larcker估计，ACSI每增加一个单位会引起公司股票市值增长654美元。基于ACSI或SCSB的股票交易策略可以产生高于市场平均回报的投资组合。同样，最近的结果显示，公开发布的ACSI结果引起了股票市场的强烈反应——对高分数的企业产生正向调节，对低分数的公司产生负向调节。

美国顾客满意度指数有助于管理者规范企业竞争战略。关键之一，ACSI是一套统一的、可比较的测量系统，可以为不同时间段和不同企业的测量评价提供基准。另外，也可用于分析企业或者竞争者的优劣势。例如，总体顾客满意度的下降可能是企业即将面临更大问题的征兆，因为ACSI能测评企业顾客保留策略的有效性，ACSI分值较低的企业容易受到竞争者的攻击。

同时，ASCI也为顾客提供了大量信息，包括购买决策信息、消费者所消费的产品和服务的质量改善信息以及整体生活水平的信息，这些信息过去都在杂志和商业市场研究之外。而且，ACSI在服务质量和价格方面具有重要的暗示作用，在激烈的市场竞争环境中，ACSI鼓励质量竞争，从而能带来更高的顾客满意度，最终结果应该是经济产出质量的提高。

总之，ACSI体现了测评和强化现代企业和现代经济绩效的一种新方法。传统指标（如生产力和价格指数）只把质量看作随机影响，而ACSI完善了经济测评体系的这一不足。这样，把产品和服务的质量放在舞台重心，由顾客感受企业、行业和国家创造的产品和服务的质量。21世纪，经济环境的演变更加具有竞争性，商家如何巩固其在经济环境中的地位也显得越来越重要。研究者和管理经营者都认识到，顾客满意是一个重要的概念，是所有商业活动的目标之一，顾客满意在新市场环境中将扮演越来越重要的角色。

# 第9章

# 2004年第2季度～2005年第1季度 ACSI测评结果

## 9.1 2004年第2季度ACSI测评结果

### ——顾客满意度指数较高，顾客的购买欲望不强

本季度数据更新的行业包括制造业/耐用品和电子商务。更新日期为2004年8月24日。

紧随2004年第1季度的ACSI提高0.5%，第2季度的ACSI仍维持在历史的高水平上。这一季度的顾客满意度指数是74.4，同第1季度持平，这是自1994年以来的最高水平。

如图9-1所示，顾客满意度在1997年以前一直呈大幅下滑的趋势，这主要是由于在服务领域，相对于顾客快速增长的需求而言，供给一直不足。1997年以后满意度水平

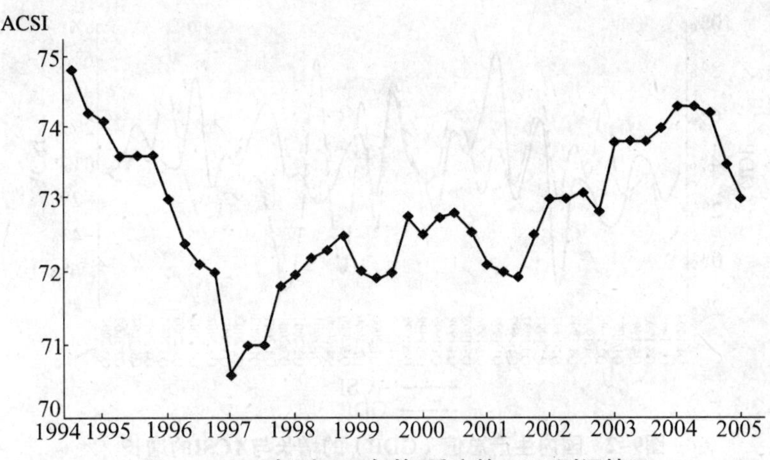


**图9-1　1994年到2005年第1季度的ACSI测评情况**

稳步提高，只是出现了几个暂时性的下降。

一直以来，顾客消费水平同顾客满意度水平之间的相关性是很高的。因此，ACSI数据能够很好地印证这样一种观点：在市场经济中，顾客得到的效用是经济增长的真正标准，即满意的顾客可能产生更多的消费；反过来，能够善待顾客的商家会得到更多的回报，例如产生更多业务和更多就业机会。因此总体来看，GDP也会随之增长，如图9-2所示。国民经济的几个导向性指数变化的趋势很相近，ACSI在2004年5月的拐点后开始下降，GDP的增长也相应地放缓。作为综合市场所有交易值总和的两大经济指标，ACSI与GDP是显著相关的。

然而，本季度中有一些因素抑制了消费。虽然顾客的满意度比一年以前有所提高，但是他们却面临着价格快速增长的问题。商品价格在2003年曾一度下降，但是在2004年却大幅上升。此外，不景气的劳动力市场和股票市场、涨幅很小的工资水平，以及急剧上升的油价和更高的利率都影响了顾客的消费水平。

单就价格上升本身而言就对消费水平产生了足够的影响力。如图9-3所示，当利用消费价格指数（CPI）修正

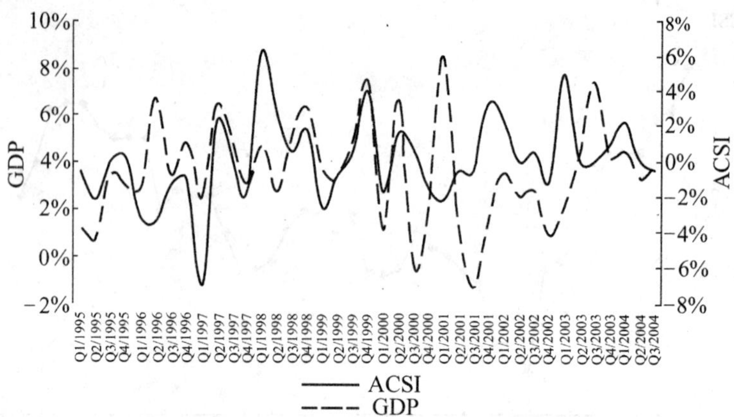


图9-2　国内生产总值（GDP）的增长与ACSI的增长

ACSI之后，顾客满意度同顾客消费的变化是基本一致的，即消费滞后于满意度一个季度。即使ACSI在一个季度中没有变化，CPI的突增也会令用价格修正后的ACSI降低。

### 9.1.1　汽车业：美国制造商遭遇困境

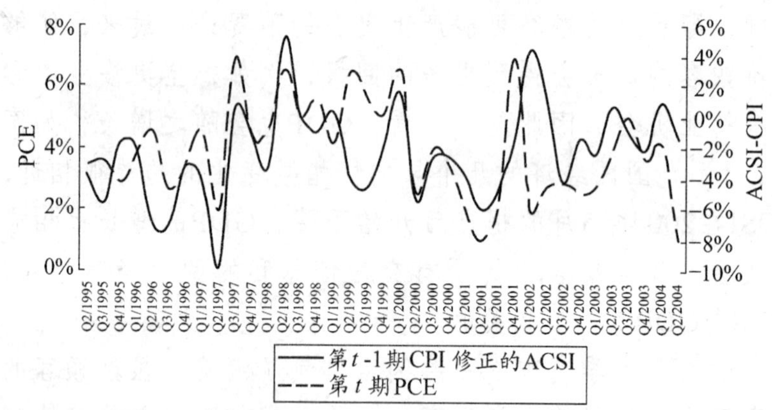


图9-3　消费支出（PCE）的增长与消费者价格指数修正的ACSI（ACSI-CPI）增长

在汽车行业中，位于行业榜首的是福特的林肯-水星（Lincoln-Mercury）分公司，其ACSI最高——86（上涨6%）。这对于一个市场份额出现问题的公司来说无疑是个好消息，得此高分的部分原因可能是由于水星品牌的销量下降，从而导致被访者中林肯品牌的消费者比例提高（而林肯品牌消费者的满意度向来很高），进而使公司整体的满意度提高。宝马（BMW）同丰田（Toyota）一样，ACSI都是84，都比一年前低了1。通用公司的凯迪拉克（Cadillac）也不再占领最高位置，ACSI下降了5%，变成了83，与通用公司的另一高端品牌别克（Buick）持平。虽然戴姆勒-克莱斯勒（Daimler Chrysler）旗下的梅塞德斯-奔驰（Mercedes-Benz）长期以来一直是汽车行业的领军者，但是最近却陷入了质量问题的危机，满意度下降了4%，变成了80，仅仅高于行业平均指数和其历史最低指数。

高端品牌的汽车产品通常都出现在最高的顾客满意度阵营中。这些汽车对应着独特的顾客群，并且制造商不遗余力地使他们的高端品牌产品能够更好地“符合”目标顾客的要求。传统高端品牌产品的满意度下降可能是由于品牌特性的淡化，梅塞德斯-奔驰就是个例子。目前戴姆勒-克莱斯勒开发了许多奔驰系列的产品，除了经典的梅塞德斯高端产品外，还包括从中等价格到SUV的一系列产品，因此奔驰这一品牌不再仅仅具有高端产品的含义了。整体来看，戴姆勒-克莱斯勒公司也不是很顺利，克莱斯勒和吉普（Jeep）分公司的满意度指数下降了3%，并且道奇（Dodge）分公司的指数下降了4%，到达了行业指数的最低点。虽然在过去一年中三大汽车制造商（通用、福特、戴姆勒-克莱斯勒）的销售量是增加的，但是净收入却大幅下降。三大汽车公司的其他品牌满意度水平同样有所下降。福特旗下的林肯-水星品牌的得分增长被福特分公司得分下降的5%所抵消，并且在通用的7个品牌中，只有旁蒂克（Pontiac）品牌得分增长了4%。

日本的汽车制造商普遍情况较好。丰田的满意度稍微下滑，得84，但是仍然保持在行业顶端，并且其佳美（Camry）品牌很受欢迎，在世界范围内的销售量很可能超过戴姆勒-克莱斯勒的3%。本田（Honda）和尼桑（Nissan）的得分都提高了，但是马自达失去了过去两年取得的成绩，得分下降了5%，变成了78。

值得注意的是大众（Volkswagen）公司的得分上升了5%，他们将经典的甲壳虫（Beetle）完全改变，重新设计。去年德国汽车制造商经历了ACSI得分的最严重下滑。在那以后其利润和股票价格都直线下降。随着ACSI的提高，结果可能比投资者所期待的更乐观一些，但2004年的利润目前看起来还不是很高。

### 9.1.2 个人电脑：苹果（Apple）尽显实力，Gateway从困境中复苏

本年度个人电脑行业从2001年的下滑走势中有所复苏，其ACSI上升了3%，达到74，创下9年中的最高记录。所有被测公司的得分情况均好于上一年。作为长期行业领导者的戴尔（Dell）公司得分增长较小，而苹果则提高了5%，连续两年保持了4分的增长幅度，以指数81名列前茅，很轻易地超过了其历史的最高分，并且也是11年中个人电脑行业满意度测量中的最高分。产生这一结果的主要原因是成功的创新改革。Gateway公司已经结束了连续3年的下滑状况，今年取得了行业中最明显的进步，ACSI提高了7%，达到了行业平均数（74）。但是如果希望再次达到20世纪90年代末作为行业领导者时期的历史最高分，仍有很长的路要走。

苹果和Gateway同戴尔和惠普（Hewlett packard）比较起来都是较小的企业。苹果曾一度是个人电脑市场中最大的制造商，但是在20世纪90年代中期其市场份额缩减得非常严重，不得不于1997年裁员30%，并且顾客满意度受到影响，在1998年达到其ACSI得分的最低点。在那一年苹果

公司开发了iMac系列产品，从此产品创新就成为公司的优势，顾客满意度也逐步上升。苹果公司在1998年顾客满意度指数增长了17%（从69爬升到81），成为那一段时期内所有被测ACSI的公司中增长幅度最大的企业。在接下来的一年里苹果公司的销售量不断攀升，并且股票价格在12个月内上涨了近60%，而与此同时个人电脑行业中的其他企业的股票价格没有太大变化。

正在Gateway苦于销量不振并忙于自身的结构调整之时，2004年Gateway收购了廉价个人电脑制造商eMachines，并且关闭了所有的零售网点。这一年的ACSI反映出了Gateway的这些改革措施的效果。收购eMachines在提高顾客满意度方面似乎起到了一定作用，尤其是提升了顾客对Gateway产品的好感。

个人电脑行业中两个最主要企业的命运始终相差甚远。虽然在顾客满意度方面戴尔的行业领导者地位被苹果所取代，但是他仍具有79（上升1%）的高指数，位于计算机制造商中的高指数之列。在过去的7年中，戴尔的ACSI一直高于行业平均值。由于在2003和2004年中顾客满意度的提高，戴尔的销售量、净收益和股票价格也随之上升。曾经一度作为行业领导者的惠普，其ACSI在过去两年中却下滑至行业平均水平以下。即使2002年对康柏（Compaq）的收购也没能对顾客满意度产生正面的影响，惠普和康柏分公司的ACSI也没有太大起色，虽然他们的ACSI都比一年前有所提高，分别上升至71和69，但仍低于行业平均值。

## 9.1.3　电子商务

对电子商务的顾客满意度测量已经有3年的历史，今年其ACSI增长了2%，达到72.5。除了雅虎（Yahoo）公司ACSI有明显的增长之外，其他被测企业都保持稳定或仅有

1%~3%的增长。另外，这一行业中没有明显的落后者，ACSI没有低于66的企业，并且电子商务行业的ACSI平均值接近于全国指数74.4。

**1. 门户网站：进入上升势态**

自从2000年以来，门户网站的ACSI一直有所提高，2004年也不例外，但是该行业一直跟在搜索引擎和新闻信息行业的后面。美国在线公司的ACSI为67，虽然自1999年以来上升了近20%，但仍是该行业中的最低者。美国在线公司的进步可能是由于其提高了搜索功能和给用户提供了更友好的界面。雅虎的ACSI为78，保持在行业最高的位置。MSN紧随其后，为75。雅虎和MSN都通过提供免费邮件账户、新闻更新和免费下载等一系列服务来保持顾客忠诚。

**2. 搜索引擎：Google仍是领导者**

继2003年15%大幅增长之后，搜索引擎行业在2004年顾客满意度又提高了3%，达到80。作为顾客满意度长期领导者的Google，其ACSI达到了82。自2002年开始测评这一行业的顾客满意度起，Google就一直是佼佼者，其原因是它能够始终在行业中处于绝对领先地位。并且Google可作为一个很好的例子来说明顾客满意度同财务绩效之间通常是紧密相关的。

Google的竞争对手是那些较小的搜索引擎，例如它的一个对手Dogpile小到现在还没有包含在ACSI的测量范围内。然而这一情况在“其他”类目中有所显示，其指数是75，仍落后于Google。Ask Jeeves公司2004年满意度指数增长3%，虽然自2002年以来它取得了长足的进步，但还是距离行业领袖Google甚远。最后一个是搜索引擎的先行者Alta Vista，虽然顾客满意度有所提高，但仍然没有改变连续两年位于行业底部的地位。

## 9.2　2004年第3季度ACSI测评结果
### ——休闲食品和烟草的满意度提升令人担忧的时期

本季度数据更新的行业为制造业/非耐用品业。更新日期为2004年11月16日。

公众对安全、伊拉克战争、不断上涨的油价以及医疗价格的忧虑，再加上大选的刺激，导致巧克力和香烟成了顾客的新宠。2004年第3季度显示：Hershey、Mars和烟草行业总体满意度有所提升。正如先前所述，人们在忧虑的时候似乎喜欢从一些食物中寻求安慰。与2001年秋季类似，部分休闲类商品的满意度呈现出了升高的走势。

一个消极的现象是，本季度非耐用品部门中满意度下降的公司明显多于上升的公司。被测企业中，大约50%的企业ACSI下降，30%的企业ACSI上升，20%保持不变。VF公司、Cadbury Schweppes、Campbell Soup以及Del Monte（宠物食品）公司的ACSI下降了5%～6%。Dole食品的ACSI也下降了，事实上Dole公司1994和1995年的顾客满意度曾在行业中独占鳌头，如今却排到了最后。

### 9.2.1　食品、饮料：巧克力得到了更高的满意度

对于食品行业来说，总体满意度稳定。在过去8年中，该行业的ACSI仅仅是在81上下波动，在2000年曾经增长到82。这些结果也暗示出ACSI本身的随机误差很小。除Mars和 Hershey公司的指数分别以85和87高居榜首外，其余公司均波动不大。Campbell Soup和Dole公司的情况在本年度极度恶化，Campbell公司的ACSI降至79，下降了5%；Dole降至79，降幅为4%。自1994年以来，Dole经历了12%的降幅，是迄今为止全行业降幅最大的一家公司。该公司顾客满意度指数的下跌与其果汁的销售状况是息息相关的。

全球的香蕉供应、气候等所有这些压力都迫使公司采取成本压缩策略，这样就不大可能提高顾客满意度了。

### 9.2.2 香烟：价格发挥了一定作用

小型的烟草公司仍然比大型烟草公司保有更高的顾客满意度水平。大品牌如Philip Morris的万宝路（Marlboro）和R.J.Reynolds的骆驼（Camel），其满意度水平连续下降。但小品牌却十分火暴，如今已占据了全美15%的市场份额。低价是他们增加市场份额的法宝，同时也取得了高的顾客满意度。大的烟草公司用提高价格来抵消法律诉讼的费用支出，在国内一些地方价格已经涨到了历史最高记录。那些没有做太多广告的廉价品牌虽然也没有受到消费者的重视，但是可以打出越来越有诱惑力的价格。总体来说，烟草行业的顾客满意度升至了4年来的最高点——78。

### 9.2.3 服装业：实施收购还是追求顾客满意?

服装行业的顾客满意度本年度变化最大的是VF公司，以6%的降幅降至79。VF是美国最大的牛仔裤制造商，占据全美21%的市场。VF的品牌包括Lee、Wrangler 以及Rustler，主要在百货商店、折扣店和专卖店销售（沃尔玛一家就占到VF品牌17%的销售额）。面对微弱的销量增长（有些年度甚至下跌），VF已经进入一个重组时期，于是放弃了一些不成功的产品和品牌，同时向有潜力的地区扩张。这些做法可能是VF满意度下降的原因，因为放弃一些财务表现不佳的品牌有可能同时也损失了一部分忠诚、满意的顾客。尽管ACSI下降了，但其降后分值仍很高，而且由于收购的原因，公司的财务表现也不错。总的来说，ACSI数据显示成功收购和顾客满意度提高是很难两全的。虽然说这是VF顾客满意度下降的原因还为时过早，但不能排除这种可能性。

### 9.2.4　啤酒：负面广告的影响

业界领先的Anheuser-Busch公司的ACSI以4%的降幅降至79，致使整个啤酒行业的指数下降了4%。Anheuser-Busch公司占据着全美50%的市场份额（主要是它的Budweiser 和 Bud Light品牌）。但在过去的一年中，它受到了其主要竞争对手——美国第二大啤酒公司SABMiller的Miller Lite 品牌制造商的攻击,其中包括针对Anheuser-Busch展开的大规模的广告攻势。这些广告借用了政治广告的战略，直接挑战Budweiser“啤酒之王”的地位。在Anheuser-Busch满意度下滑的同时，SABMiller宣布它的旗舰品牌Miller Lite在2004年上半年销量增加了18%。

## 9.3　2004年第4季度ACSI测评结果
### ——顾客满意度俯冲、经济陷入困境的信号

本季度数据更新的行业包括零售业、金融与保险业和电子商务。更新日期为2005年2月15日。

在市场上，顾客对产品质量和服务的不满意将对经济产生很大的危害。美国经济很大程度上依靠消费者消费的增长，但这种增长在消费者不满意的情况下，就变得步履维艰了。ACSI经过两年的稳定增长后，2004年第4季度出现了戏剧性的下跌（见图9-1）。2004年第4季度为73.6，与第3季度相比下跌1%。下降幅度几乎等同于7年前的那次狂跌，1997年第1季度ACSI下跌了1.3%，第2季度才开始缓慢增长。

然而，现在这种现象可能会再度出现。如果一个公司顾客群的满意度较低，将给公司的财务状况带来负面影响。

ACSI下跌是经济陷入困境的信号。而且ACSI下降对贸易或财政赤字没有任何帮助，对国内产品和服务的需求似乎也毫无益处，尤其在很多销售进口货物的零售商意识到顾客满意度越来越重要之后。如果消费者减缓消费支出，那么国民生产总值的增长就会僵持住，这将对美元产生更大的压力，最终导致利率提高。反过来，高利率又会阻碍公司在顾客满意度上投入更多的资源，并且随着利率的增加，会使未来收入流大打折扣，同时会减少回馈给顾客的价值。

受2004年第4季度ACSI大幅下跌的影响，预计2005年第1季度消费支出的增长会处于低迷状态。这种状态的产生除了受顾客满意度影响之外，还受到油价、利率、消费倾向和收入等其他一些因素的影响。这些因素对消费支出的影响有多大呢？如果我们仅仅关注由于价格调整而引起的满意度变化，那么降低的ACSI可预测2005年第1季度，消费支出的增加将不会超过2.3%～2.7%。

两个主要原因导致了顾客满意度的降低。一个最主要的原因是汽油油价的上涨。油价上涨导致顾客到达商业区的交通费用增加，从而影响了顾客对商店或超市的满意度。但满意度的下降并非仅表现于此，消费者对加油站的满意度也达到了历史最低水平。现在的满意度指数是70，与去年相比降低了7%（见图9-4），随着汽油价格的起起落落，顾客满意度指数却呈相反的方向变动。

另一个导致顾客满意度下降的主要原因是不能很好地服务于日益增加的购物者。高的顾客满意度能够带来公司交易量的增加，反之却并不总成立，在很多情况下事实恰恰相反。传统零售商和在线零售商在节假日通过高折扣的方法可以吸引到更多的购买者。由于很多公司为了缩减成本，致使公司的资源已不能满足日益增长的顾客需求，最

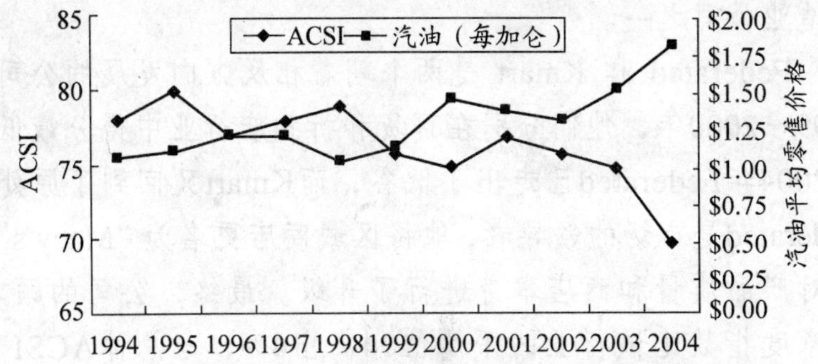


**图9-4　1994年到2004年加油站的汽油价格和ACSI的走势图**

终导致了购物拥挤、排队和服务缓慢的现象。

第4季度ACSI对零售、金融服务和电子商务3个经济部门的12个行业数据进行了更新。ACSI在广度和深度上的恶化都是非常明显的。只有零售业中的一些特殊行业有所改善，它们是：仓储式批发会员店、家居直销店和电器商店。这些商店销售的大部分商品都不产于美国，而那些销售美国本土产品的零售商，顾客满意度均降低了。百货商店和折扣店的满意度指数下降了3%（74），超级市场下降了2%（73）。总体上，零售业满意度指数下降了3%，仅达到72.6。

### 9.3.1　零售业：Kohl's，Costco和Publix成为顾客满意度的领头羊，顾客满意不是沃尔玛关注的焦点

2004年对零售业来说是个挑战，虽然奢侈品零售业（如Neiman Marcus公司）仍保持强劲稳定的增长势头，但中小型商店和折扣店却面临着困境。节假日购物高峰开始时，许多零售商的销售额低于预期水平，在节假日后期，由于商品的大幅降价销售额才有所上升。对于百货商店和折扣店，Kohl's的ACSI（79）连续三年位居榜首。同样，Costco和Publix公司仍分别在各自行业中处于领先位置，获得81的Publix公司是在指数80以上的公司中少有的几个非

制造业公司之一。

Federated 和 Kmart 是两个朝着相反方向发展的公司，1999~2000年，他们分别在百货和折扣店行业中得分最低。但2004年Federated已走出了低谷，而Kmart又回到了原处。Federated是市场的领导者，他将区域商店更名为“Macy's”，并对产品质量和商店本身进行了升级。最终，公司的顾客满意度指数比该行业的平均值74高出4%，与总体ACSI下降的情况截然不同，成为一个永远领先的Federated。

在一场“非生即死”的斗争中（此前Kmart已处于破产的边缘），Kmart在2001年曾一度攀升到ACSI顶峰，获得了74。尽管Kmart现在已脱离破产的困境，但却失去了大片市场，目前其满意度指数再次下跌4%（67），已低于所有竞争者。在假日销售旺季，Kmart受到Target和沃尔玛的夹击，致使其同店销售额[①]（Same-store sales）下降，但Kmart仍然继续努力着。2004年末，Kmart股东达成一致意见收购了Sears公司，此后尽管每季度销售额有所下降，但由于部分店铺的关闭和部分房地产的盘活，公司再次赢利，

沃尔玛公司以其庞大的规模，目前已成为零售业中百货商店、折扣店以及超级市场3个行业的代表者。但自2000年起，其百货商店和折扣店的顾客满意度指数下降了3%，达到最低点（73分），低于行业的平均水平与Target公司的满意度指数。沃尔玛公司赢在价格上而非质量上，而ACSI测评的是商品的质量与服务的质量，因此说明沃尔玛在商

① 即可比销售额，是由营业时间在1年以上（53周）的店产生的、可进行同期历史数据比较的销售额。它是衡量行业销售业绩的一项重要指标。特别是在比较大型零售连锁企业的销售收入时，与总销售额相比，同店销售额更有价值。同店销售额的比较剔除了营业时间不足1年的新店及最新关闭的店对销售额的影响。也就是说，在进行同店销售额比较时，在短期内扩张店面或关闭店面所引起的销售额变动不被考虑进去。

品质量和服务质量上均低于行业的平均水平，而Target公司在这两个方面均高于行业平均水平。Target公司的成功在于其使顾客满意的能力，而这种能力取决于其既能保证商品价格具有竞争力，同时又能保证商品的质量和多样性。沃尔玛则更少依赖于培养满意顾客，只用超级低廉的价格来吸引顾客购买，并保证公司成本下降。

沃尔玛山姆会员店的满意度指数下降了3%（75），与行业的平均水平持平，但却大大低于行业的领导者Costco公司。沃尔玛购物广场第一次加入超级市场行业的ACSI测评时，指数为70，几乎位于行业末端。与在其他细分行业的公司一样，沃尔玛超级市场拥有低廉的价格，但是顾客仍然对其商品的质量打了低分，其中包括肉制品、农产品。在赢得顾客满意度过程中，质量通常要胜于价格。但当价格足够低时，同样也能吸引顾客购买。庞大的经营规模与巨额的销售量使沃尔玛在价格上独具优势，并使其与供应商之间建立了良好的关系，但同时这也是沃尔玛忽视顾客满意度的主要原因。

### 9.3.2 金融业：面对银行并购，顾客满意度岿然不动；保险业呈现危机

经过4年的不断改善，零售银行业的ACSI在2003年达到了整个行业前所未有的最高点（75）。其中美国的第二与第三大银行——JP 摩根大通银行（J. P. Morgan Chase）与美国银行（Bank of America）由于分别并购了第一银行（Bank One）与波士顿舰队银行（FleetBoston）而得分更高。而通常情况下并购会导致顾客满意度指数的下降，如20世纪90年代后期，相当一部分行业的并购行为就导致了顾客满意度指数的下降。又如1995年到1999年间，银行业的满意度指数下降了8%，随着后来并购脚步的放慢，ACSI才

有所复苏。

虽然现在对历史是否会重演下结论显得为时过早，但一些数据表明近期的并购行为并没有对顾客满意度产生影响。尽管JP摩根大通银行满意度指数保持在70不变，美国银行满意度指数下降了3%（72），有悖于近4年来银行业满意度不断攀升的趋势，但同时说明其他银行的顾客满意度有了显著的提高。这种形势在近期内将不会有所改变，因为并购通常伴随着公司缩减人力成本，减少出口业务量。由并购带来的顾客满意度的负面影响通常会在一年后才开始显现，并且在第2年这种影响会变得更为敏锐。

保险业的顾客满意度从一年前开始下降，尽管一些公司尝试去提高顾客满意度，但仍然无法阻止其下降的趋势。高额的人身保险费用以及严格的保险金给付标准，使参保的人越来越少。小型人身保险的累积分数下降了4%，达到自1995年以来的最低水平（74）。对于人寿保险行业，Prudential保险公司脱颖而出，满意度指数提高了6%（77），10年里该公司第一次超出了行业平均水平。Prudential公司对业务进行了优化，解约了一些保险经纪公司，低价转让了财产险和意外伤害险，将力量集中于人寿保险上。随着顾客满意度与股票业绩之间联动关系的日趋密切，与人寿保险业的平均增长率5%相比，Prudential公司的股票价格在过去一年里增长了30%，也是不足为奇的。

医疗保险行业中顾客满意度的下降程度超过了其他类型的保险。其指数今年下降了4%，降至历史最低值——67，在ACSI收录的41个保险类行业里现在位居第37。成本的增加是一个主要的问题，从2003年到2004年，医疗保险成本增加了11%，已连续5年成两位数增长，其增长速度大约是通货膨胀速度的5倍。2004年，小型医疗保险的满意度指数下降了7%,陷入低迷状态。

### 9.3.3 在线交易（E-Commerce）：Amazon.com公司首次遭遇满意度的冰山

也许2004年第4季度最引人注目的一个案例就是Amazon.com公司的顾客满意度指数下降。Amazon公司作为在线零售业的领导者，同时也是电子零售业的主导者，顾客满意度指数下降了5%。尽管仍然获得了高分（84），但其下降的幅度是很大的。在某种程度上，Amazon公司为其在两个方面的成功付出了代价。2000年，该公司作为“世界最大的书店”率先与barnesandnoble.com网上书店展开了竞争，并拓宽了产品供应的种类，包括CD类、DVD类、工具类、食品类以及许多其他类产品。总之，Amazon公司目前经营的产品范围不断拓宽，无疑，其中一些书籍的销售需要更深入地顾客服务与交流。随着公司顾客群的不断扩大，尤其当这种扩大来自于交易范围的拓宽时，要想保持高的顾客满意度是极其困难的。例如barnesandnoble.com网上书店，坚持以单一产品的销售为中心，使其ACSI得到了显著改善，获得87，成为同行业中的佼佼者。Amazon公司所面临的挑战是能否实现顾客获得与顾客保持之间的平衡。barnesandnoble.com网上书店高度依赖于顾客满意度，而Amazon.com公司对再次购买的顾客仍然采取一视同仁的态度。Amazon.com公司的顾客满意度也反映了其财务状况。因为2004年第4季度的收益并未达到预期，其股票价格经过2003年末一段稳定的爬升后，从2004年夏季开始一直处于下跌趋势。

ebay公司也是一个显著的例子，其ACSI下降了5%（指数为80）。与Amazon.com公司不同的是，ebay公司满意度的下降并没有动摇其在网上拍卖行业中第一把交椅的位置，因为一些小的竞争者尚处于打基础阶段。但每当顾客满意度下降时，公司都处于更大的财务压力之中。例如，尽管2004年第4季度，ebay公司处于强势增长阶段，与当年的前三个季度相比收益增加了44%，但在股市上的表现并不令人满意，因此投资者对公司进行了讨伐。截止到2005年1月末，ebay公司的股价从2004年末的收盘价每股110美元下跌到每股80美元。这似乎表明，顾客比投资者更清楚公司近期内的财务前景。

## 9.4 2005年第1季度ACSI测评结果
### ——顾客满意度出现持续性下跌

本季度数据更新的行业包括运输业、信息产业、公共事业、医疗保健、住宿与餐饮服务。更新日期为2005年5月17日。

由于石油价格的疯狂上涨，以及扣除物价因素的工资水平下降，与一年前相比，消费者购买相同的产品和服务需要支付更多的货币。银行利息不断提高导致家庭债务也在不断增加。同时，能源价格的上涨也迫使企业不得不考虑长期乃至更远的成本削减问题。以上种种负面影响的综合作用必然导致服务质量的降低、家庭购买能力的下降以及顾客满意度的下跌。如图9-1所示，ACSI连续第2个季度戏剧性地大幅度下跌。与上季度相比下跌了0.8%（指数为73）。除第1季度以外，这是自1997年以来ACSI的又一次大幅下跌。

顾客满意度在本季度的大幅下跌更增加了经济的不确定性。总体上ACSI反映了被美国消费者消费的那部分经济产出质量的变化情况。这个变化是通过顾客的亲身感受表现出来的。若国家有能力发掘并不断增加顾客的效用价值，那么国内经济的健康发展就有了保证。2004年第4季度顾客满意度的下跌，导致本年第1季度消费水平的增长受到抑制。除能源、住房及医疗保健消费有增长以外，对于耐用品的消费支出呈平缓趋势。随着ACSI的进一步下跌，要在下季度实现消费水平的反弹似乎不大可能。由于消费支出占GDP的2/3之多，所以消费的下降意味着经济状况的滑坡。顾客满意度的持续下跌抑制了当前需求与未来经济的增长。

尽管顾客满意度再一次连续下降，但由于ACSI是一个综合指数，并不代表所有行业与企业的顾客满意度均是下降的。其中，42%的公司满意度下降，43%的公司满意度增长，15%的公司满意度仍保持在原有水平。从行业层面看，满意度显著增长的行业有：电视新闻业（+3%）、旅馆业（+1%）、有限服务餐饮业（+3%）。满意度显著下降的行业有：报纸业（−7%）、电影业（−3%）、无线电话服务业（−3%）以及医院（−7%）。综合来看，总体下降幅度超过了增长幅度。

### 9.4.1 有线电视与卫星电视行业：竞争进入白热化阶段

激烈的竞争也许正逐渐改变着有线电视与卫星电视行业。首先，2001年统计结果显示，卫星电视与有线电视在利润上几乎持平。但事实上，从ACSI看，卫星电视行业在过去平均每年都领先有线电视行业。但是在今年，两家美国最大的直播卫星电视运营商DirecTV和Echo Star的ACSI明显低于往年，甚至降到历史最低水平。同时，依靠Comcast和时代华纳（Tim Warner）两大有线电视运营商满意度指数的小幅增长对整个有线电视行业的轻微推进，有线电视与卫星电视之间的ACSI差距已缩小至8.5。虽然这仍是一个不小的差距，但它可能会成为两者竞争白热化的一个标志。在某种程度上，卫星电视运营商也为自己的成功付出了代价，或者说以自己的牺牲再次印证了众所周知的“反向因果关系”。也就是说，顾客满意度的增加能够带来收益的增长，这一典型的因果关系反过来是不成立的。事实上，增加销售量也许会导致顾客满意度的降低，相反降低销售量则可能得到较高的顾客满意度水平。而Direct TV和Echo Star都已在用户数量上有了实质性的增加。在美国所有需支付电视费用的家庭中，有25%现已享受到了卫星服务，并且在2004年，DirecTV和EchoStar的用户数量创下了新的记录。与此相反，在去年前半年，有线电视行业却遭受着自1950年以来首次在用户数量上的损失。

但是，新顾客的俱增使卫星电视运营商产生了消化不良的反映。如费用增长、边际收益缩减、对顾客数量的过度增长显得力不从心；服务资源被过度扩展，如需满足每户家庭对于多重卫星电视接入盒的需求，以及需适应顾客群构成的改变。

### 9.4.2 医院：患者满意度急剧下降

对医院满意度的测评中只包括政府开办的医院，私营医疗机构并不包括在ACSI中。在第1季度中，医疗业的顾客满意度水平急剧下跌，其幅度达到7%，ACSI也下降到71。虽然在过去一年中，医疗业的顾客满意度水平一度上升了4%，但今年的情况很糟，ACSI的下降幅度远远超过了上一年增长的幅度。

总体来说，医疗护理的成本，特别是用于医疗和药品的成本在以高于通货膨胀率的比率持续增长，在一些大城市，这些成本的增长率甚至达到了通货膨胀率的3～5倍。费用的增长导致许多企业的老板不愿意再为员工购买医疗保险，致使住院账单中需患者个人承担的费用增加。另外，许多地区都存在医护人员与资金短缺的现象。尽管医疗服务的质量不可或缺，但如今这已不是问题的根本所在，主要原因是医疗费用在不断增长。

### 9.4.3　有限服务餐饮业：Burger King和Taco Bell坚持不懈的努力

由于新的政府行业部门划分体系（NAICS）的推出（现与ACSI相关联），对有限服务餐饮业（即以前的快餐业）的测评从去年的第4季度延至今年的第1季度开始。此行业如今的ACSI以高于以往3个百分点的优势创造了本行业的历史之最，达到76。但从行业本身来看，该行业发展的促进因素与阻碍因素依然同时存在。通过调查发现，如果有4家企业实现了ACSI的提高，那么很可能会有另外5家企业的ACSI在下跌。

Taco Bell和Burger King是得分最高的两个企业，分别比往年高出6%和4%。Taco Bell餐馆作为百胜餐饮集团（Yum Brands）快餐类中的一分子，通常以与必胜客（Pizza Hut）联合品牌（co-brand）的形式出现。为家庭中不同口味的成员提供更多种类的餐饮选择是Taco Bell一贯的做法，但应用在必胜客却适得其反，使必胜客的顾客满意度因此一度下跌了5%。作为国内最大的比萨饼连锁店，必胜客也已经不得不关闭一些地区的连锁分店，这似乎显示了联合品牌的做法效果并不尽如人意。不但许多餐馆停业，而且服务也已在一定程度上变味。现在必胜客正在将更多的精力集中在即食类食品（ready to eat）的开发上，并且逐渐摒弃了传统的订餐外送做法。

经过若干年的困难时期，伴随着许多餐馆的倒闭与企业所有权和企业主管的多次更迭，Burger King正逐步向预期的方向发展。它的ACSI提高了4%，突破了一直以来71的水平，推出了许多新品种，并且很多都堪称物美价廉，同时它的顾客流量也在增加。快餐行业经常被指责提供一些高脂肪、低营养的食品，针对这一点，Burger King将推行按照顾客要求提供食品的方式。传统的广告语——“顾客至上”的口号在这里又恢复了生机。

麦当劳（McDonald）今年的顾客满意度下降了3%，ACSI只有62，比本行业的平均值低了14%，并且也低于行业内其他任何一个竞争对手。麦当劳的风险不在于它的顾客满意度水平低于行业内其他竞争对手。长久以来这样的情况一直持续着，这对企业的财务指标并无太大影响，究其原因，与沃尔玛（Wal-Mart）相似。其他竞争对手为了获得竞争优势而在顾客满意度水平的高低上相互比拼，而麦当劳却无须这么做。与此相比，更令麦当劳感到忧虑的也许是它已有顾客群的变化。因为麦当劳的ACSI的变化与每个餐厅的销量与边际库存有密切的关系。当它的ACSI提高时，食品销量与边际库存随之提高；反之当ACSI降低时，销量和边际库存也随之减小。

### 9.4.4 航空公司：正处于ACSI的巩固阶段

航空公司在2004年经历了顾客满意度的下跌后，今年是它连续第2年ACSI维持在66的水平上。在边际利润低、员工间关系复杂化以及能源价格上涨的经济环境中，或许采用以不变应万变的策略更为实用。

航空公司在这一年中的ACSI涨幅都很小。例如，该行业领头羊西南航空公司（Southwest Airlines）的ACSI为74，仅上涨1%。尽管如此，它们依然拥有很强的竞争力。美国联合航空公司的ACSI为61，下降5%，美国航空公司（United Airlines）的ACSI为57，下降8%，二者均遭受了最大程度的打击。美国航空公司现在的ACSI水平远远低于本行业的平均值，因此位于该行业的最底端。这是3年内继它第2次破产后再一次濒临危险的边缘，尽管该公司已经取消了几条航线和相关的机组人员。虽然成本的削减可能有助于短期财务表现，但在服务效果和顾客满意度方面却经常显露出很不乐观的态势。例如，美国航空公司在正点率与处理顾客抱怨方面就做得很不尽如人意。

在该行业的另一端，西南航空公司继续保持着顾客满意度的行业领先地位。与所有的航空公司一样，西南航空公司也面临着来自能源价格上涨的威胁，但它放弃了传统的远距离航行路线，转而采用短途航行的路线，这种方式能使燃料存储的成本低于以往几年，因此公司能够从中赢利。西南航空公司还通过精简员工降低了成本，并对许多员工进行补偿。尽管这种做法会引起工会的不满，导致管理人员与员工之间的隔阂，但西南航空公司在经营管理上的出色表现使得其顾客满意度不但没有降低，反而在一定程度上有所提高。

### 9.4.5　电话服务行业：在无线电话用户眼中并无改进

电话服务行业同样包括在ACSI测评中。电话服务行业提供的服务包括：本地电话和长途电话、无线电话和移动电话。本地电话服务企业的表现不一，其中有两家服务提供商的ACSI上升，三家服务提供商的ACSI下降，还有三家维持原样。Qwest电话服务公司的ACSI达到69，上涨幅度为8%，是进步最快的企业。该企业在1994到2002年间ACSI一度狂跌27%，但随后形势发生扭转，并开始大幅上升。当时顾客满意度指数的下降与并购US West有关，因为合并通常会对顾客满意度产生不利影响。

无线电话服务行业的顾客满意度指数下降了3%。该行业ASCI的下跌源于小型的移动服务提供商满意度指数普遍下降，其平均降幅达到了7%。在这些较小的企业中，有两个公司在今年第一次被单独测评，它们是T-Mobile和Nextel，测评结果是：T-Mobile的ACSI为64，位于本行业中等水平，而Nextel仅为59，位于本行业底端。Verizon无线电话服务公司的ACSI为67，连续第2年在本行业独占鳌头。比起移动服务提供商，移动电话制造企业扮演了更为重要的角色，表现在ACSI上，三星电子（Samsung）ACSI为71，摩托罗拉（Motorola）和诺基亚（Nokia）同为70，三者之间差异甚微。

### 9.4.6 公共事业：几乎不受解除管制的影响

总体上说，公共事业行业的ACSI有一个典型特点，就是每年都很稳定，几乎看不到大的起伏。比如2004年该行业的ACSI是73，只比去年上浮了1%。尽管该行业从总体上看几乎没什么变化，但在各个具体的企业中依然常出现一些值得关注的变动与起伏。在30个参与测评的公共事业公司中，与去年相比，有54%的企业ACSI提高，33%的企业下降，只有13%的企业没有变化。在赢利企业中，有两个是其中的佼佼者。一个是Northeast Utilities，它同时也是新英格兰州最大的电力供应商，它的ACSI为74，上涨幅度达到9%；另一个是Dominion Resources，其ACSI为71，上涨的幅度同样引人注目，达到了6%。

随着政府放松管制，一些能源公共事业公司在定价和市场竞争上拥有了更大的灵活性，其焦点更多地集中在降低成本与提高效率上。TXU就是一个例子，它是得克萨斯州最大的公共事业公司。该公司脱离了那些高成本的顾客（所谓高成本的顾客是指那些在享受了公司提供的益处后，没有及时付款给公司的顾客）。TXU同时也对它的顾客提供外包服务，这种方式看似付清了债券市场上的债务，但却没有在ACSI上表现出来。尽管债券价格已经有了突破性的增长，可TXU的ACSI却为72，下降幅度为2%。当顾客获得了对供应商更多的选择权后，这种方式的采用将大大提高他们的满意程度。

### 9.4.7　特快专递：一个处于变化阶段的行业

特快专递行业的ACSI基本没有发生变化，这是由于特快专递公司UPS与FedEx的顾客满意度增加，而美国邮政局的顾客满意度降低。UPS与FedEx在顾客满意度水平上表现得格外突出，它们有效地将广告技术与私人服务相结合，并由此产生了很好的效果。但是该行业同样也是变化无常的，变化莫测的环境使美国邮政局不断地面对来自UPS和FedEx的挑战。FedEx是该行业的领头羊，它的ACSI达到了84，上涨了1%。紧随其后的是UPS，它的ACSI也达到了82，上涨了2%。单在这点上美国邮政局就存在着差距，因为它的ACSI只有74，并且与前一年相比还下降了4%。

UPS和FedEx并非只是快递邮包，它们还与全球供应链保持同步，这在几年前被认为是不可思议的事情。例如，在做Pizza（比萨）的业务流程中，就有准时传递的需要：生面粉需要及时送到面点师手中；最终成品需要准时递送给消费者。Papa Lohn之所以在该行业的ACSI高居榜首，就在于依靠了UPS，确保传递过程的完美无缺，保持并提高了顾客的满意度。UPS和FedEx都是无线技术行业的大用户，它们利用无线技术在全世界范围内收取、传递并且跟踪邮寄的包裹。它们同时也都是商业网络发展的受益者。信息可以通过计算机网络传递，但实物呢？在买卖物质产品时，有时将不得不借助货运业。这样看来似乎所有有关货运业的服务（筹款、准备工作、文字记录、广告宣传）如今正渐渐转变成该行业的组成部分，而最终的受益者是顾客。

# 第三篇

# 基于顾客满意度的企业战略研究

现代企业越来越关注对顾客满意度的测评。无论其动因是来自于内部还是外部，企业管理者们都在寻求有效的量化顾客满意度水平的方法。

然而，一旦顾客满意度测评系统（如ACSI）建立以后，营销主管们就开始了似乎永无止境地追逐更高顾客满意度水平的过程。他们通过采取各种各样的方法，如不断调整价格、改变沟通方式等，随时关注顾客满意度水平的变化。对顾客满意度的测评和报告日益受到管理者的重视，其重要程度甚至在某些情况下到达了企业战略的水平。一项近期的经理人调查结果显示，他们之中的大多数都很看重顾客满意度信息，甚至超过了对财务绩效和运营效率的关注。

面对每季度发布的不同行业的顾客满意度信息，管理者应该做的决不仅仅是时刻关注，更重要的是如何把它们转化为对企业更为有益的信息，使其在企业的财务绩效、战略制定、营销观念上得以体现，能够对企业行为提供有益的借鉴，有助于企业的良性发展。这也是对顾客满意度进行测评的最终目的。

# 第10章

# 顾客满意度与股东价值

通常衡量企业财务状况的主要指标包括运营利润率和投资回报率等。利用这些指标可以对企业当前价值进行评价，但是无法准确衡量出股东价值，也就无法估计企业的长期财务绩效。那么顾客满意度是否可以作为衡量股东价值的指标呢?它和长期财务业绩之间的关系又如何呢?

为了更好地解决这个问题，Fornell首先根据 Srivistava等人所提出的框架，在顾客满意度和股东价值之间建立了理性联系，从定性的角度来探讨顾客满意度是如何改变当前和未来的顾客行为，进而影响未来现金流发生的时间、水平和风险，以及更进一步的长期股东价值的。然后从定量的角度，用数学语言来描述二者的关系，并用实际数据证明了这种关系的存在。样本数据来源于美国顾客满意度指数，因此，顾客满意度的测量值是以美国国内有代表性的样本为基础的，是顾客对特定企业产品或服务的真实感受，而不是来自于管理者的自我报告。另外，Tobin's *q*（参见10.3）作为用于衡量股东价值的方法，是以企业长期利润最大化的经济理论为基础的，它所提供的对企业价值的测度具有长期性、预见性和连续性，并且在不同行业的企业间具有普遍性和可比性。

## 10.1　顾客行为的桥梁作用

顾客行为是连接顾客满意度和股东价值的桥梁，这是因为顾客行为对现金流量发生的时间、水平和稳定性起决定性作用。如图10-1所示，顾客满意度可以通过提高顾客保持率来确保未来的收益，并降低未来的交易成本（例如与沟通、销售以及服务等相关的成本），因而净现金流量将会增加。与此同时，顾客保持率越高意味着顾客群越稳定，而顾客的再次光顾将提供一个未来收益的可见来源，并且这一来源不易受竞争以及环境影响。因此通过减少预期现金流量的波动和风险，顾客保持率也将正向影响股东价值。

另外，由图10-1中可以看到，其他一些由满意度驱使的顾客行为也将影响股东价值。例如从一个确定的供应商那里购买更多或额外的特定产品或服务，向其他人推荐，以及增强价格承受力等。虽然不是所有上述行为在每个行业中都起作用，但是无论对于什么行业，总有一部分行为是有效的，能使顾客满意度对股东价值产生影响。具体分析如下。

首先，提高顾客满意度会使顾客增加从供应商那里购买所需商品的份额。此时吸引成本和交易成本下降，收益增大，从而增加净现金流量。

其次，当顾客满意时，会出现更多交叉购买现象。交叉销售不仅可以增加净现金流量，而且能够加速新的现金

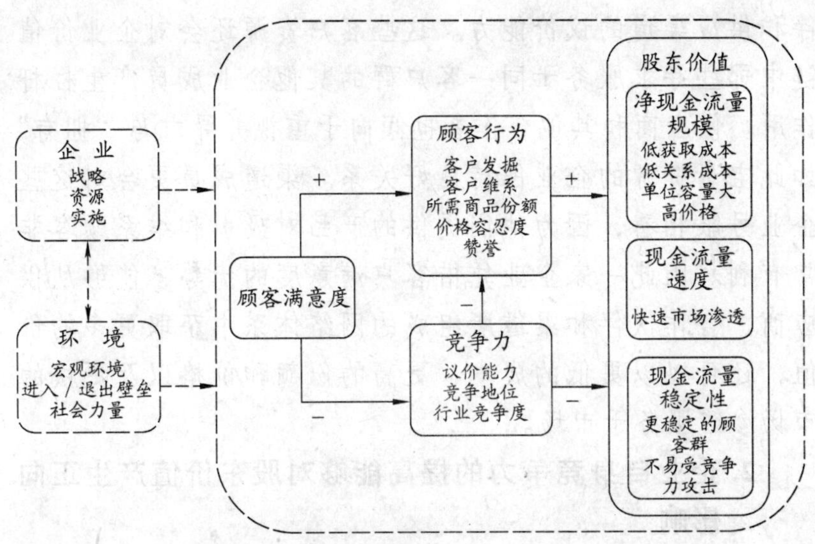


图10–1　顾客满意度对股东价值的影响

流量的发生。忠实而满意的客户群为新的附加服务或产品延伸提供了现成的市场。因此，可以预期顾客满意能够形成更快的市场渗透，从而加速现金流动。

第三，满意顾客的推荐和赞誉也将影响股东价值。顾客的赞许能够降低吸引成本，并因此增大净现金流量，它也能帮助企业更快地渗入新市场和保持现有市场，从而导致现金流量的加速运转。

最后，高的顾客满意度使企业能够制定相对较高的价格，或者至少可以更好地抵御降价压力。因此，高的顾客满意度还可以通过增加顾客对价格的承受力而带来更大的股东价值。

## 10.2　竞争力的调节作用

顾客满意度可以通过对竞争力的影响来改变股东价值，具体表现如下。

### 1. 顾客满意度的提高能够增强企业自身的竞争力

忠实而满意的顾客群将增强企业对于供应商、合作伙伴和供应渠道的议价能力。这些客户资源还会对企业价值链中那些寻求服务于同一客户群的其他企业成员产生杠杆作用。供应商和其他合作者也倾向于重视并寻求与“拥有”如此宝贵资源的企业保持良好关系。渠道成员更会对这些企业另眼相看，因为他们提供的产品对吸引和维系顾客非常有利。因此一家企业凭借客户满意度的优势，能够从供应商、合作伙伴和渠道所组成的网络体系中获取更多的价值，还可以以更低的成本、更高的份额和价格以及更快的市场渗透服务于市场。

**2. 企业自身竞争力的提高能够对股东价值产生正向影响**

企业在市场中的竞争优势能够加速现金流动并增加现金流量。而企业议价能力增强，将改善其与供应商、合作伙伴和渠道伙伴之间的关系。具有相对较高顾客满意度的企业，上述作用将会共同降低未来现金流量的风险。

**3. 顾客满意度的提高降低了企业在行业中的竞争强度**

顾客满意度的相对优势将帮助企业减轻在行业中的竞争压力。享有这样优越防御地位的企业只需要耗费较少的资源，就可以从竞争对手那里争取客源或者在竞争者的猛烈攻势下保留住顾客。此时，竞争者更倾向于将进攻的矛头指向较弱的对手，并试图避免直接竞争。当对抗减弱时，价格会随之上涨。因此，高顾客满意度会降低企业竞争程度，企业将享有更多和更稳定的现金流量。

**4. 对手竞争力的整体增强将削弱顾客满意度与股东价值之间的联系**

企业竞争对手的竞争力也会影响到顾客行为，进而会改变顾客满意度对股东价值的影响程度。当其他企业的议价能力较强并且竞争激烈时，对企业有利的顾客行为将受到抑制，甚至连满意的顾客也可能变得难以维系，他们对价格更加敏感，并试图寻找其他的供应来源。在这种情况下，企业顾客满意度对股东价值的正向影响作用将被削弱。

总而言之，由于顾客满意度可以作为未来净现金流量的指示器，因此可以预期顾客满意度与股东价值之间的关系是正向的。另外，当议价能力较低且竞争激烈时，顾客满意度对股东价值的影响将减弱。当然，这一概念框架存在于一个更为广泛的理论系统之中，其中还包括了能够影响顾客满意度、股东价值以及两者之间关系的其他企业和环境的影响。

## 10.3　关系检验

### 10.3.1　顾客满意度与股东价值关系的模型

这里使用的股东价值衡量方法是托宾$q$值法（Tobin's $q$或简称为$q$值，详见附录3）。$q$值可以分解为企业市场价值（$M_t$）的函数，并根据企业有形资产重置成本对其进行标准化：

$$q=M_t/M_k=f(M_k, M_c, M_n, M_d)/M_k \qquad (10-1)$$

式中：$M_t$——企业市场价值；

$M_k$——企业资产重置成本，等于有形资产部分的企业价值；

$M_n$——由垄断地位或进入壁垒所造成的垄断租金；

$M_c$——由企业拥有的能够降低成本的因素所带来的企业特定收益；

$M_d$——指由创造企业价值的特定因素（包括市场化资产）所带来的企业总价值中的一部分。

为了将研究的焦点集中在顾客满意度与股东价值的关系上，使用常规控制方法来说明由垄断因素（$M_n$）和企业特定因素（$M_c$）所产生的收益。为了消除垄断因素的影响，可以采用行业集中度（*CONC*）作为控制变量。为了描述企业特定因素的影响，将企业市场份额（*MS*）和广告—销售比（*AS*）计算在内。总而言之，这些变量描述了由企业和行业特定因素带来的经济收入，也就是描述了顾客满意度以外的价值源。此时进一步可以得到：

$$q_{it} = SAT_{it}^{\beta_1} AS_{it}^{\beta_2} MS_{it}^{\beta_3} CONC_{it}^{\beta_4} e^{\alpha_0 + \varepsilon_{it}} \quad (10\text{-}2)$$

式中：$q_{it}$——$t$时刻企业$i$的Tobin's $q$值；

$SAT_{it}$——$t$时刻企业$i$的顾客满意度水平；

$AS_{it}$——$t$时刻企业$i$广告费与销售额的比值；

$MS_{it}$——$t$时刻企业$i$的市场份额；

$CONC_{it}$——企业$i$所在行业的集中程度；

$\alpha_0$——常数；

$\beta_i$——对应的斜率系数；

$\varepsilon_{it}$——随机误差项。

将式（10-2）线性化即得到

$$\ln q_{it} = \alpha_0 + \beta_1 \ln SAT_{it} + \beta_2 \ln AS_{it} + \beta_3 \ln MS_{it} + \beta_4 \ln CONC_{it} + \varepsilon_{it} \quad (10\text{-}3)$$

式（10-3）即为分析顾客满意度与股东价值之间相关性的模型。

### 10.3.2 数据来源

**1. 托宾*q*值**

为了计算因变量Tobin's *q*，需要对下式中的分母与分子的组成进行估计：

$$q = \frac{\text{全部已发行证券的市场总价值}}{\text{资产重置总成本}} \quad (10\text{-}4)$$

**2. 顾客满意度指数**

顾客满意度指数为1994年至1997年ACSI值。

**3. 广告支出密集度**

计算广告支出密集度使用的是Competitive Media Services所提供的美国品牌国内广告费用数据。其衡量结果比目前市场调研中所用方法的衡量结果精确。

**4. 市场份额**

为了获得一种对市场份额的准确而恰当的测评方法，并且与因变量保持一致，没有遵循衡量市场份额的传统方法，即利用行业报告，或者利用数据库中的销售数字,而是通过公司年度报告中所提供的详细数据，来确定样本中每家企业所在部门的美国国内年度销售额，然后使用这些数字计算ACSI中企业的相对市场份额。

**5. 行业集中度**

行业集中度利用Herfindahl- Hirschman指数（也称为HHI）来衡量，HHI是行业中各企业市场份额的平方和。

在得到上述数据之后，就可以对模型式（10−3）进行分析。

## 10.3.3 结果分析

在对式（10−3）的估计过程中，必须控制一些潜在的误差，这些误差通常由被遗漏的固定效应、随机效应和时变效应所引起。如图10−1所示，存在许多无法直接控制的企业和环境变量影响，例如管理经验、企业效率、监管环境以及机会等。为了解决遗漏的变量问题，进行以下处理。

把没有经过处理的原始结果*M*0记为*IV*项。为了准确控制非时变的不可观测的行业和企业的固定效应，将模型进行一阶差分变换，并将变换结果项*M*1记为*IV*/*FE*项。

另一个偏差的潜在来源是序列相关。这里所涉及的序列相关可能会和消费者偏好、研发成果以及行业趋势等因素有关。可以使用拟差分（或$\rho$差分）方法，将这一结果

$M2$记为$IV/FE/SC$项。

在完成这些误差控制方法之后，模型通过Hildreth-Lu迭代过程进行估计。表10-1列出了整体数据集的均值及标准差。分析中所用的变量间的相关性在表10-2中给出。

**表10-1 整体数据集的均值及标准偏差**

| | $Q$ | $SAT$ | $SHARE$ | $CONC$ | $A/S$ |
|---|---|---|---|---|---|
| 均值 | 1.35 | 77.71 | 0.17 | 0.23 | 1.69 |
| 标准偏差 | 0.93 | 6.02 | 0.15 | 0.11 | 2.34 |

**表10-2 $M1$和$M2$项中变量间的相关性**

| | $\Delta\ln Q$ | $\Delta\ln SAT$ | $\Delta\ln SHARE$ | $\Delta\ln CONC$ | $\Delta\ln A/S$ |
|---|---|---|---|---|---|
| $\Delta\ln Q$ | 1.000 | 0.162*** | 0.029 | −0.086 | 0.084* |
| $\Delta\ln SAT$ | 0.162*** | 1.000 | 0.086 | 0.165*** | 0.042 |
| $\Delta\ln SHARE$ | 0.029 | 0.086 | 1.000 | 0.112** | −0.104* |
| $\Delta\ln CONC$ | −0.086 | 0.165*** | 0.112** | 1.000 | 0.107** |
| $\Delta\ln A/S$ | 0.084* | 0.042 | −0.104* | 0.107** | 1.000 |

注：***在$p<0.01$下显著；**在$p<0.05$下显著；*在$p<0.10$下显著

表10-3总结了模型的估计结果。对于$M1$和$M2$两项，顾客满意度与股东价值（通过Tobin's $q$衡量）之间的关系均是正向并且显著的（虽然对于$M2$来说有些勉强）。在给定的标准误差下，二者的估计值十分接近。

**表10-3 整体Tobin's $q$—顾客满意度假设的估计结果总结**

| 系数 | 截距 | $\beta_{SAT,t}$ | $\beta_{A/S}$ | $\beta_{SHARE}$ | $\beta_{CONC}$ | $\rho$ | $R^2$ | 观测数量 |
|---|---|---|---|---|---|---|---|---|
| $M0$ | −6.82*** | 1.74*** | 0.03** | 0.08*** | 0.30*** | — | 0.18 | 456 |
| （$IV$） | （1.72） | （0.39） | （0.01） | （0.02） | （0.07） | | | |
| $M1$ | 0.69 | 1.62** | 0.03*** | 0.00 | 0.29** | — | 0.16 | 330 |
| （$IV/FE$） | （0.45） | （0.71） | （0.01） | （0.03） | （0.11） | | | |
| $M2$ | 0.89 | 1.28* | 0.02 | 0.01 | 0.29* | 0.05 | 0.07 | 216 |
| （$IV/FE/SC$） | （0.95） | （0.80） | （0.05） | （0.03） | （0.15） | | | |

注：***在$p<0.01$下显著；**在$p<0.05$下显著；*在$p<0.10$下显著

通过对数据集的Hausman检验表明，*IV*/*FE*项（*M*1）是比较好的。这说明同时控制随机效应和固定效应的方法比单纯控制随机效应（*M*0）的方法更有效。同时检验也表明*IV*/*FE*/*SC*（*M*2）项没有更进一步改善的情况（$m$=0.301 7）①。因此，在接下来的讨论中我们将主要关注对*M*1的估计。

还可以看到其余自变量同$q$值之间的关系。例如在*M*1中，行业集中度系数为0.29，是正的且显著。这说明增加集中度水平可以使企业获取更多的李嘉图租金，并产生股东价值，这与其他应用$q$值的研究相一致。

在*M*1和*M*2中，关于市场份额的系数均不显著。因此，在控制了被遗漏的固定效应以及满意度、广告和市场集中度的影响之后，“高的市场份额是由于企业比其竞争者提供了更好的增值行为”这一论断是无法得到有力支持的。这表明通常被认为与市场份额相关的租金，实际上可能是由行业集中度水平决定的。当考虑了集中度与企业价值间的联系时，两者之间并不存在增量关系。

*M*1中的广告支出密集度系数为正数，但影响相对较小，仅为0.03。这一结果说明：一旦消除了顾客满意度（可能与广告有关也可能无关）以及其他企业和市场层次的变量的影响后，广告支出密集度充其量只对创造企业长期价值起到很小的作用。

为了检验竞争程度对ACSI与$q$值之间相关性的干扰作用，我们用集中度的测量值来代替行业中的竞争程度，研究结果汇总在表10–4中。Hausman检验（$m$=0.538）又一次显示了*IV*/*FE*项（*M*1）是合适的。

在*IV*/*FE*估计中，顾客满意度与行业集中度间的交互作

① 值得注意的是，以前的研究认为即使考虑了固定效应之后，$q$值仍是自相关的。相对较弱的自相关可能是由于小样本容量造成的。

用系数是正的且显著的（$p$=0.08）。这说明竞争削弱了顾客满意度与股东价值间的正相关关系。

**表10-4 检验竞争程度对顾客满意度与Tobin's $q$之间联系的削弱影响**

| 系数 | 截距 | $\beta_{SAT,t}$ | $\beta_{A/S}$ | $\beta_{SHARE}$ | $\beta_{CONC}$ | $\beta_{CONC*SAT}$ | $\rho$ | $R^2$ | 观测数量 |
|---|---|---|---|---|---|---|---|---|---|
| 模型1 | −2.43*** | 1.56*** | 0.03* | 0.16*** | 0.22*** | 1.54** | — | 0.25 | 456 |
| （*IV*） | （2.456） | （0.59） | （0.02） | （0.06） | （0.06） | （0.92） | | | |
| 模型2 | 1.33** | 1.48* | 0.02 | 0.00 | 0.22 | 0.88* | — | 0.14 | 330 |
| （*IV/FE*） | （0.52） | （0.81） | （0.02） | （0.02） | （0.23） | （0.51） | | | |
| 模型3 | 1.58* | 1.10 | 0.00 | 0.01 | 0.15* | 1.18* | −0.05 | 0.03 | 216 |
| （*IV/FE/SC*） | （0.89） | （0.91） | （0.02） | （0.02） | （0.09） | （0.68） | | | |

注：***在$p$<0.01下显著；**在$p$<0.05下显著；*在$p$<0.10下显著

## 10.4 ACSI与Tobin's $q$关系中行业间和企业间的异质性

以上分析通过控制行业级和企业级的差异，重点研究了顾客满意度与股东价值之间的整体平均相关性。然而，行业内及行业间的异质性就其本身而言也是令人感兴趣的。因此接下来要研究的就是这种异质性的性质及程度。

一种方法是对等式（10−3）进行典型的合并-非合并检验对比。然而，我们能够得到的每家企业数据的时间跨度有限（4年），因此这种经典的方法是不可行的。更确切地说，我们需要一种既能得到合并的益处，又能不降低对每一行业和企业参数的估计要求的方法。分层贝叶斯回归（HB）就是符合这些标准的方法。HB能够从行业内方差中分离出与行业级差异相关的方差，并且通过引入协变量来解释不同企业及行业间的方差。

有关Tobin's $q$的递阶模型详述如下。

企业内：

$$\ln q_{ijt} = \pi_{0ij} + \pi_{1ij} \ln SAT_{ijt} + e_{ijt}$$
$$e_{ijt} \sim N(0, \sigma^2) \qquad (10-5-1)$$

行业内：

$$\pi_{0ij}=\pi_{00i}+\pi_{01i}\ln AS_{ij}+\pi_{02i}\ln MS_{ij}+\gamma_{0ij}$$

$$\gamma_{0ij}\sim N(0,\tau_0) \quad (10-5-2a)$$

$$\pi_{1ij}=\pi_{10i}+\gamma_{1ij} \quad \gamma_{1ij}\sim N(0,\tau_1) \quad (10-5-2b)$$

行业间：

$$\pi_{00i}=\pi_{000}+\pi_{001}\ln CONC_i+u_{00i}$$

$$u_{00i}\sim N(0,\tau_{00}) \quad (10-5-3a)$$

$$\pi_{01i}=\pi_{010}+u_{01i} \quad u_{01i}\sim N(0,\tau_{01}) \quad (10-5-3b)$$

$$\pi_{02i}=\pi_{020}+u_{02i} \quad u_{02i}\sim N(0,\tau_{02}) \quad (10-5-3c)$$

$$\pi_{10i}=\pi_{100}+u_{10i} \quad u_{10i}\sim N(0,\tau_{10}) \quad (10-5-3d)$$

第一级或称“企业级”等式（10-5-1）对给定企业的$q$值与满意度在同一时间段内的相关性进行估计。第一级因变量$q_{ijt}$表示行业$i$中的企业$j$在$t$时期的Tobin's $q$值。第一级等式右端的第一项$\pi_{0ij}$代表企业特定常数或“固定效应”。满意度$SAT_{ijt}$是自变量。行业$i$中企业$j$的顾客满意度与股东价值之间的相关性通过系数$\pi_{1ij}$进行估计。

模型的第二级（式（10-5-2））表示在各个行业中不同企业间的差异。在第一个行业内的等式（10-5-2a）中，建立了一个有关行业$i$中企业$j$的企业特定因素$\pi_{0ij}$的函数模型，函数中包括了行业特定固定效应$\pi_{00i}$和Tobin理论提出的企业特定影响力，即广告—销售比和市场份额。误差项$\gamma_{0ij}$中描述了企业$j$相对于行业平均水平而言的特殊的企业特定因素。

在这一级的第二个等式（10-5-2b）中，建立了行业内顾客满意度与股东价值的关联异质性$\pi_{1ij}$的模型。第一项$\pi_{10i}$代表了这种关联的平均行业系数，而第二项$\gamma_{1ij}$代表了削弱这种关联的特殊的企业特定因素。

第三级（式（10–5–3））描述了行业间的异质性。固定效应的行业间差异以及顾客满意度与股东价值间的相关性都包括在了模型中。根据Tobin理论，建立了一个行业$i$的行业特定固定效应$\pi_{00i}$的模型，其中包括普通固定效应$\pi_{000}$和集中度控制变量$CONC$。这一级的第二个和第三个等式模拟了在广告—销售比和市场份额控制变量的影响下产生的行业差异。第四个等式（式（10–5–3d））将顾客满意度与股东价值间相关性的行业差异表示成为普通固定效应$\pi_{100}$和行业特定固定效应$\pi_{10i}$的模型。

为了检验集中度的干扰作用，将等式（10–5–3d）改写成如下形式：

$$\pi_{10i}=\pi_{100}+\pi_{101}\ln CONC_i+u_{10i}$$
$$u_{10i}\sim N(0,\tau_{10}) \qquad (10\text{–}5\text{–}3e)$$

在表10–6中总结了估计的结果。与前面分析（$M1$）中的1.62相比，这里ACSI与Tobin's $q$的相关性为1.63。广告—销售比和集中度系数仍是显著为正。有趣的是，一旦行业级方差被分离出来，就会发现市场份额再次成为行业内部的重要影响因素。虽然在$p$值为0.08时显著性水平很低，但是在这里系数为正的事实很容易让人联想到特定企业的市场份额因素。一旦消除行业的异质性，在同一行业中竞争企业的市场份额与股东价值之间就会出现正相关关系。

**表10–6　ACSI与Tobin's $q$关系中行业和企业的异质性估计**

| 自变量 | 系数 | 模型1 | 模型2 |
|---|---|---|---|
| 截距 | $\pi_{000}$ | 0.03 | 0.03 |
| | | （0.07） | （0.08） |
| ACSI | $\pi_{100}$ | 1.63*** | 1.51*** |
| | | （0.55） | （0.52） |
| 广告—销售比 | $\pi_{010}$ | 0.14** | 0.14** |
| | | （0.06） | （0.06） |

（续）

| 自变量 | 系数 | 模型1 | 模型2 |
| --- | --- | --- | --- |
| 市场份额 | $\pi_{020}$ | 0.07* | 0.06 |
| | | （0.04） | （0.04） |
| 集中度 | $\pi_{001}$ | 0.70*** | 0.83*** |
| | | （0.21） | （0.24） |
| 集中度*ACSI | $\pi_{101}$ | 3.24* | （2.06） |
| 差异来源 | | | |
| 企业内 | $\sigma^2$ | 0.163 77 | 0.163 59 |
| 行业内 | $\tau_0$ | 0.076 77 | 0.074 33 |
| | $\tau_1$ | 7.267 75 | 7.063 66 |
| 行业间 | $\tau_{00}$ | 0.096 20 | 0.099 71 |
| | $\tau_{01}$ | 0.046 18 | 0.048 64 |
| | $\tau_{02}$ | 0.002 11 | 0.003 28 |
| | $\tau_{10}$ | 1.229 43 | 0.834 74 |

注：***在$p<0.01$下显著；**在$p<0.05$下显著；*在$p<0.10$下显著

表10-6中还显示了股东价值与顾客满意度间相关性中差异的来源。这些方差分量代表了由于分析层次不同而产生的估计值的异质性程度。股东价值与顾客满意度之间相关性的方差分量在行业间是1.229 43，而在行业内是7.267 75。这些数字表明在ACSI与Tobin's *q*间相关性的方差中，有14.5%是由行业差异造成的，而另外85.5%是由行业内企业间的差异造成的。Tobin's *q*的企业内、行业内和行业间方差分量分别为0.163 77、0.076 77和0.096 20。由此得到：关于Tobin's *q*的条件方差有48.6%是处于企业级的，有22.8%是受行业内的企业特定因素影响，而其余的28.6%是属于跨行业的。因此在所选取的样本中，在行业级的差异中占主要地位的是股东价值的企业级差异和顾客满意度与股东价值之间联系的企业级的差异。

图10-2中显示了对顾客满意度与股东价值间相关性的行业间实证贝叶斯估计。对于百货商店、超级市场和家用

电器行业，估计值是最大的，说明在这些行业中顾客满意度与股东价值间的相关性要比汽车、服装、个人电脑等行业强。值得注意的是商品和服务在图中的分布情况是趋于分散的。

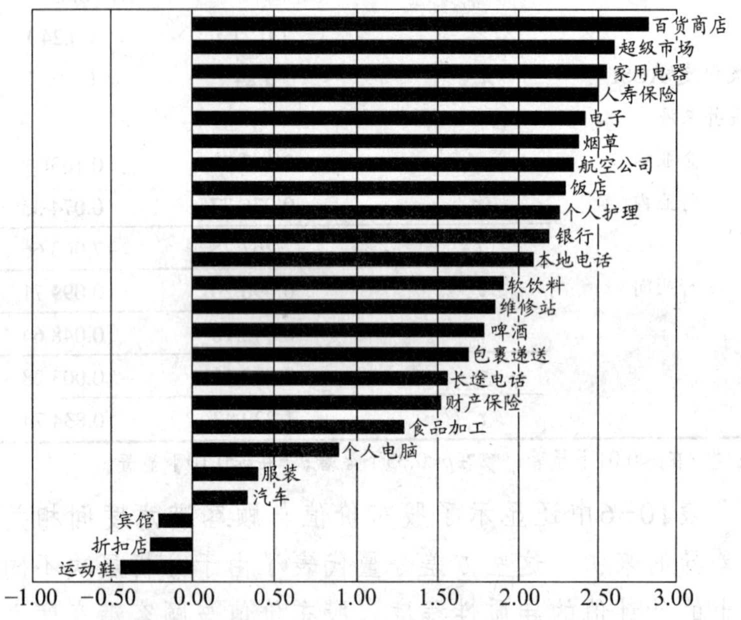


**图10-2　顾客满意度（ACSI）与股东价值（Tobin's $q$）之间相关性的行业级实证贝叶斯估计**

如表10-6所示，我们还对利用集中度来调节ACSI与Tobin's $q$之间相关性的模型进行估计。交互作用项的系数为正且显著（3.24）。进一步证明竞争强度削弱了顾客满意度与股东价值间的相关性。

## 10.5　总结

以上对顾客满意度与股东价值的关系进行了深入的探讨与分析，并将市场结构引入了能够联结这两个关键概念的理论体系中。实证方面，证明了顾客满意度与股东价值间存在正相关关系。弱ACSI与Tobin's $q$间相关性的整体估计为1.62，那么每当顾客满意度（由ACSI衡量）发生1%的变化，股东价值（由Tobin's $q$衡量）随之将预期变化1.016%。相对于整体数据集的Tobin's $q$的平均值为1.73，因此换一个角度来说就是满意度每增长1%，$q$值会随之增长0.027。对于一家名列《商业周刊》第1 000名、平均资产近百亿美金的企业来说，能够将顾客满意度提高1%就意味着企业价值增长约2.75亿美元。当然，对于更大的企业或者顾客满意度与股东价值相关性更强的企业，这一结果将更加明显。

ACSI与股东价值间存在正相关关系的结论具有重要的意义。尽管目前的研究并没有为管理者提供如何利用顾客满意度信息进行企业价值诊断的方法，也没有说明实施顾客满意度计划的具体步骤，但是它提出了一个令人信服的理论，即真正获得高的顾客满意度的企业也将创造更大的股东财富。

顾客满意度与股东价值之间的相关性在不同的行业和企业间存在巨大差异。二者之间的联系在某些行业比其他行业紧密得多，并且进一步的研究可能会寻求了解导致这一结果的根本行业特征。顾客满意度与股东价值间相关性的差异程度在行业内的不同企业间更加明显。这一结论充分说明了企业的特征和行为是决定顾客满意度对股东价值影响程度的关键因素。未来很有前景的一个研究领域就是了解哪些企业特征和行为会削弱顾客满意度与股东价值间的相关性。

行业中的竞争度是削弱顾客满意度与股东价值之间相关性的最符合逻辑的因素。如果用集中度的传统度量指标来代替竞争度，就会发现在竞争越激烈的行业中ACSI与$q$值之间的相关性也越弱。这一结论告诉我们，应该向联结顾客满意度与股东价值的理论体系中注入更多竞争力的理论。

前面关于市场份额与Tobin's $q$关系的研究结果也是值得关注的。在提高财务业绩方面，除非能够控制行业差异，并使市场份额与Tobin's $q$之间的行业内关联不受外界影响，否则市场份额似乎并不是一个重要因素。因而，在这两者之间存在较弱的正相关关系。

投资者也应关注这些结论。由提高顾客满意度所带来的长期经济效益会对企业的资本市场产生重要影响。忠实和满意的顾客群是企业赢利的宝贵资源，其开发和维护的成本是很高的。在评估企业未来的财务状况时，应将这一资源作为重点考虑的因素之一。如果每家企业都能够将标准化的ACSI值作为其财务报告的一部分，那么市场将得到更充分的信息，进而更有效地运作。

这一领域未来的研究方向之一首先应该是确定和检验其他削弱顾客满意度与股东价值之间相关性的潜在因素。第二个重要的方向是在国家顾客满意度衡量体系与资本市场共存的其他国家中重复实验，争取得到与目前研究相同的结果。第三，未来的研究者可能热衷于研究ACSI的信息含量，以及这一测量方法在有效市场信息传递中所起的作用。ACSI所收集的信息如果通过其他途径获取，则可能是难以观察到的、成本高昂的和/或受到干扰的。例如个体消费者掌握着关于消费体验的个人信息，而这类信息是市场所无法预期的。最后一个可能的研究方向是检验本研究结论是否也支持其他股东价值的测量值，包括Tobin's $q$的其他近似值。

总之，我们相信以上研究结果为顾客满意度与股东价值之间的正相关关系提供了最有力的支持。研究的结论肯定了市场经济的基本原理，即善待顾客的商家将得到买方更多的交易量和投资者更多的资金投入。相反，如果商家没能像其竞争者那样有效果且有效率地令顾客满意，那么顾客和投资者将转向别处。投资者及其资金是紧随顾客和商机而流动的。从理论上来说，这是自由经济的理所当然的运转方式，即市场会以最有效的方法来分配资金和其他资源，从而创造出最大可能的顾客满意度。这也可以解释“为什么效用最大化和满意客户群的建立能够成为所有企业关注的核心战略”这一问题。这也意味着对营销知识和营销活动重要性的强调。因为顾客满意度不仅由质量决定，而且会受到市场细分和顾客选择（通过分销渠道、客户沟通和定价来进行）的影响。这里包含着营销理念和营销实践的巨大作用尚有待进一步挖掘。

# 第11章

## 顾客满意度与股票价格

顾客满意度同企业的长期绩效之间存在着密切的关系，这一观点已得到了越来越多的企业认同。通过对一些案例的研究发现，顾客满意度和员工忠诚度、竞争成本以及获利能力等方面都是呈正相关的。因此一个公司与顾客关系的健康程度可以作为衡量公司行为的指示器。

那么从另一个角度来看，顾客满意度的信息对股票价格究竟会产生什么影响？如何有效地利用这一信息为投资者服务？下面要讨论的就是顾客满意度指数（如ACSI）和股票的市场价值之间的相关性问题，以及如何以顾客满意度信息为依据，来制定股票的投资组合策略，进而在股票市场上获得超额利润。

## 11.1　顾客满意度与股票的市场价值

股票的市场价值是对市场未来收入折现值的估计。将顾客满意度视为一项经济资产的观点已经得到了人们的广泛认可与支持，虽然目前它还不能在资产负债表中得以体现。如果将顾客满意度作为公司的一项资产，那么ACSI的分值和上市公司的市场价值之间必然存在某种联系。在某种特定的环境下，确定的无形资产会对资本化市场产生一定的影响，影响的大小可以利用下面的方程来估计，同时可以用来调节账面价值。

$$\ln MVE=-15.9+2.2\ln BVA-1.3\ln BVL+3.8\ln ACSI$$

$$(p=0.001)\ (p<0.000)\quad (p<0.000)\quad (p<0.000)\quad R^2=0.65$$

式中：*MVE*——股票的市场价值，*MVE*=股票价格×股本；

*BVA*——总资产的账面价值；

*BVL*——负债的账面价值；

*ASCI*——各公司所获得的ACSI分值。

数据来源于2002年ACSI的测评数据和同年COMPUTSTAT记录的账面价值。$R^2$=0.65说明回归效果显著，且回归系数均有效。正如预期所料，总资产的系数为正，总负债的系数为负。ACSI分值每发生1%的变化会引起股票市场价值发生3.8%的变化，ACSI对股票市场价值的影响较为显著。

尽管这个结果并没有回答ACSI分值是否能为投资者提供有用信息（这些信息对投资者来说是未知的）的问题，或证明一种偶然性的关系，但是能够为把顾客满意度看作资产负债表上的一项经济资产提供了有力的证据，同时也证明了顾客满意度与长期股票持有者的利益是息息相关的。那么投资者应该对顾客满意度的信息作出什么样的反应呢？这就是下一步研究中要解决的问题。

## 11.2 投资者对顾客满意度信息的反应

如果像上述结论中所述的那样，顾客满意度和股票的市场价值相关联。根据有效市场假说（价格能立即对信息作出反应），顾客满意度波动的最新信息应该立刻反映在股票价格上。也就是说在其他条件相同的情况下，如果顾客关系得到改善，投资者会以上市公司增加的市值来回报公司；反之，越来越差的顾客关系会产生相反的效果。

然而，投资者的反应是不可预知的。在某些环境下，顾客满意度增长可能导致股价下跌，而这种现象和市场经济的运行规律是相悖的。由于消费市场的不完善，难以准确地预测市场对顾客满意度信息的反应，这是由以下原因造成的。

首先，当投资者认为已经给予消费者过多的消费者剩余的时候，他们很可能消极对待顾客满意度提高的信息。从商品和服务中获得的总的消费者剩余是消费者福利的一种度量，但是，买者所愿意支付的最高价格和实际价格之间的差额也是投资者渴望获知的。如果在买者的转换成本很高，或者产品质量存在差别，或者存在某种垄断力量的情况下，投资者倾向于认为消费者剩余的增加会产生消极作用。

其次，那些已经在竞争中处于优势地位的公司通常不重视顾客满意度水平的改善。因为竞争者的顾客满意度相对较低，处于竞争优势地位的公司通过改善顾客满意度来增加边际收益，可能不是最行之有效的方法，必然会引起争议。这是由于，无论某项资源在损益表上的状态如何，人们都无法回避边际收益递减的经济规律。

第三，改善顾客满意度的边际成本很可观。这种情况常发生在服务业中，尤其是劳动密集型的服务行业。如前文所述，在服务业中生产率和顾客满意度是不能同时达到最佳的，以生产率的降低为代价通常能换来顾客满意度的提高，反之亦然。生产率和顾客满意度之间的这种权衡关系使顾客满意度得到改善的信息为市场带来不良的反应。

第四，可能存在一种反因果关系的效应。顾客离开对平均顾客满意度水平具有一定的积极作用，因为只有最不满意的顾客才会离开，留下的顾客的满意程度相对高一些。公司留住了一部分相对满意的顾客(有些是更满意的顾客)，使公司整体的顾客满意度水平得到改善，但同时也不可避免地伴随着销量和赢利的减少。这种现象的出现并不是因为消费者市场不完善，而是由较低的转移壁垒造成的。在非垄断性的流通市场中这种现象更为常见。

第五，时滞和顾客期望的影响使情况变得更加复杂。ACSI对企业每年都进行一次测评，力求更全面地记录顾客信息。在每次评估的时间段内很可能出现顾客满意度的变化以及由此而引起的顾客行为的改变，这种改变将会对下一时段的市场情况产生影响，即产生了时滞问题。另外顾客期望也是很难把握的，因为期望产生的根源很难追溯，对大量因素合理的期望能够对顾客满意度产生正向影响。如果一个公司想在顾客满意度方面获得更大进步，就应该低调地对待ACSI分值的提高。

由于上述原因，公司很难准确地判断市场对顾客满意度信息的反应，即使观测到的相关因素被很好地勾画出来，满意度曲线仍然令人迷惑，无法直接判断效果及公司在这条曲线上的位置，也无法识别违背因果规律的现象。因此，如果没有广博的知识，就无法对ACSI信息引起的股票价格的变化作出任何解释，如果投资者不能有效地利用顾客满意度信息，就无法获得超额的回报。

为了更好地解释顾客满意度信息对投资者的效用，

Fornell等人设计了一个模型对投资组合策略的交易情况进行分析。可以用下面的模型来估计$j$公司在第$t$天的股票价格回报率：

$$R_{jt}=\alpha_j+\beta_j R_{mt}+\varepsilon_{jt}$$

式中：$R_{jt}$——第$j$家公司的普通股在第$t$天的回报率；

$R_{mt}$——标准普尔500指数①在第$t$天获得的回报率；

$\alpha_j$——截距；

$\beta_j$——斜率，用来显示$R_{jt}$对市场指数的灵敏度；

$\varepsilon_{jt}$——普通最小二乘估计扰动项。

上述模型也可以用来估计公司的异常收益（$AR$）。

$j$公司普通股在第$t$天的$AR$为：

$$AR_{jt}=R_{jt}-(\alpha_j+\beta_j R_{mt})$$

基于实践经验，将估计区间定为225天。每个公司可以利用每日公布的最新价格来计算当日的异常收益，然后将$N$个样本公司的数据进行汇总，可以得到样本的累计异常收益（$CAR$）：

$$CAR_{T1/T2}=\frac{\sum_{j=i}^{N}\sum_{t=T1}^{T2}AR_{jt}}{N}$$

式中，$T1$和$T2$是对事件进行估计的起止日期。

因为异常收益的样本存在偏态分布和尖峰分布的情况，所以可以利用bootstrap进行显著性检验。这里使用的是二阶段bootstrap，对标准化$Z$值和由bootstrap处理后的样本的经验分布中获得的统计值$Z$的临界值进行比较。

---

① 标准普尔（S&P）500，是由Standard& Poor's公司于1982年从纽约股票交易所中选出的500只股票的股价，其中78%为工业股，12%为公司事业股，2%为运输股及8%为金融股，是一种基于不同行业市场上的资本化权重指数，也常被应用于大量的事前研究。

对于事件起止日期的精确确定能给事件研究带来便利。ACSI的公布日期是很准确的，因此可以据此定义事件的一个时点。事件时期短可以使估计更有效，因为可以减少其他因素对利润的影响，而且也可以提高统计检验的力度。模型中事件的起止日期从1999年第2季度始到2002年第3季度止。

在实践过程中应建立一种控制机制，其目的是把顾客满意度与同时期其他方面的信息区分开来。将事件前后5天内与公司事务相关的信息搜集起来，信息的主要来源有美通社、道·琼斯和美国商业新闻。将合并、收购、转让、股票分割（目的在降低股票每股价格，使流通在外的股数比例增加，但股本总值不变）、CEO/CFO的更换、失业、重组、收入公开化和诉讼等相关的事件都排除在分析之外。最终，在消除事件窗口中的干扰信息后，在研究时段内将可获得股票交易数据的89个公司的161个事件构成分析数据。在制造业中，有48个ACSI分值增加的事件，有41个ACSI分值降低的事件；在服务业中，相应的事件数分别为32和40。结果如表11–1所示。

**表11–1　发布顾客满意度信息所致的异常收益**

| 信息的类型 | 公司类型 | 事件数量 | 事件当天的异常收益 |
|---|---|---|---|
| ACSI增加 | 制造和服务业 | 80 | 0.34 |
| | 制造业 | 48 | 0.01 |
| | 服务业 | 32 | 0.85 |
| ACSI减少 | 制造和服务业 | 81 | −0.17 |
| | 制造业 | 41 | −0.54 |
| | 服务业 | 40 | 0.20 |

注：在显著性水平为5%时，基于非参数的bootstrap检验中，无异常收益。

制造和服务相混合的公司抽样结果显示：那些ACSI增加的公司股票价格有所提升，ACSI减少的公司股价相应降低，但这些作用过于微弱以至于难以和偶然性的变化区分开来。服务业公司的抽样结果有所不同，股价的升高和ACSI的变化方向无关。

这些结果与Ittner和Larcker等人的发现相吻合。他们发现事件窗口为5天时，ACSI信息对股价并没有显著的影响，而事件窗口为10天时，产生了显著的异常收益（显著性水平为10%），不过这是在剔除异常样本数据的情况下（如表11-2所示）。需要注意的是：Ittner-Larcker研究被迫使用了横截面分析方法（由于当时可获数据的数量有限），所以不能用于检验ACSI对于股价变化作用的效果。

**表11-2 发布顾客满意度信息所致5天和15天的异常收益**

| 信息的类型 | 公司类型 | 公司数量 | 5天CAR | 15天CAR |
|---|---|---|---|---|
| ACSI增加 | 制造和服务业 | 80 | 1.85 | −0.95 |
| | 制造业 | 48 | 0.98 | 1.23 |
| | 服务业 | 32 | 3.15 | −4.22 |
| ACSI减少 | 制造和服务业 | 81 | −0.22 | −1.65 |
| | 制造业 | 41 | −0.78 | −2.72 |
| | 服务业 | 40 | 0.36 | −0.55 |

注：在显著性水平为5%时，基于非参数的bootstrap检验中，无异常收益。

## 11.3 交易策略与ACSI股票投资组合的事后检验

即使顾客满意度看起来与市场价值具有一定的相关性（11.1中的发现），但顾客满意度的信息并不能影响股票价格（11.2中的发现），这些发现与有效市场理论并不是必然矛盾的。股票价格仍能快速完全地反映所有有效信息，拥有高顾客满意度的公司同时也能拥有更高的收益。当然，在有效市场中，制定出一种可以使企业不断地获得额外收益的交易策略是不可能的。

为了检验以上假设，Fornell等人基于ACSI制定了一种股票投资组合策略。该策略有两个限制条件：第一，由于市场不能反映ACSI的变化（因为ACSI并不能完全反映在市场价格中），研究不同满意度水平下的投资组合似乎会更合理；第二，由于低顾客满意度产生的影响较小，因此要选择ACSI分值在平均水平以上的公司。为了满足以上条件，获得一个合理的范围，所以选出了同行业中ACSI排名前20%的公司。

由于ACSI分值每年更新一次，而股票交易发生在ACSI结果发布后的一年或一年以上的时期中，因此如果第一年选中了一支股票，那么在接下来的一年中投资组合中是否还包含这支股票就要被重新检验。如果它符合标准：在国家平均ACSI水平之上并且属于前20%，那么它就会被继续选中并且服从于同一分布。如果它不符合标准，就会被抛售。如果一支股票没有在第一年内被选中，那么在接下来的几年里，这支股票每年都应该接受检验，判断其是否有资格被纳入投资组合。根据以上选择方法，该投资组合策略在1997年包含20家公司，1998年仍然保持20家公司，到这次试验截止日期，即2003年5月21日时，已经上升为26家公司。

从1997年2月18日至2003年3月21日正值股市震荡时期，该投资组合获得了40%的累积收益（包括股息和交易成本），超过道·琼斯工业平均（DJIA）指数90%，标准普尔500（S&P500）208%，纳斯达克（NASDAQ）指数344%。图11-1、11-2、11-3显示了期间的累计收益。

结果显示，顾客满意度不仅在股市上扬时期有助于赢利，在股市下跌时期同样有助于赢利；当股市上扬时，许多拥有高顾客满意度的公司股价增长更快；当股市下挫时，拥有高顾客满意度的公司股价受大盘走势的影响会相对小一些。

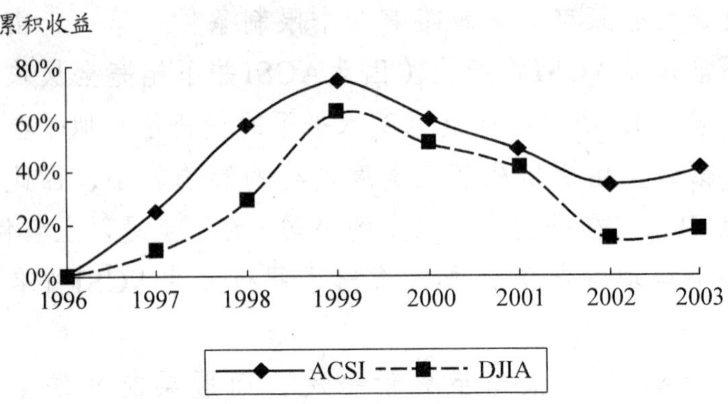


**图11-1 1997～2003年ACSI与DJIA年累积收益对比**

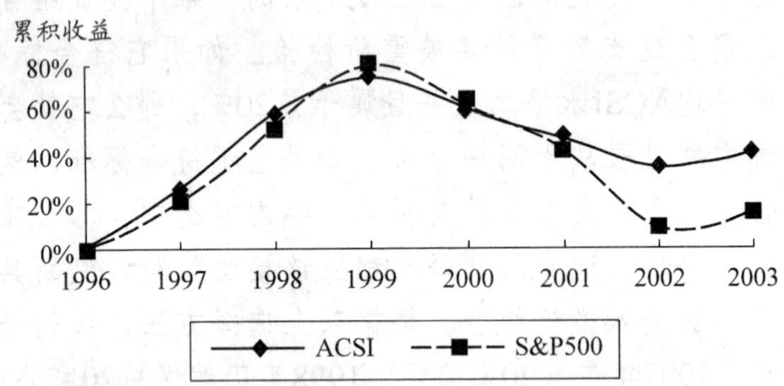


**图11-2 1997～2003年ACSI与S&P500年累积收益对比**

总体而言，以上分析结果显示了实施一种低风险、高收益的股票交易策略的可能性。在1997年至2001年间，大多数股票经纪公司认为股票市场会有亏损，但利用这种股票组合策略却获得了大量的异常收益，在股票市场上产生了巨大的影响。然而对股票的投资应该持有谨慎的态度，任何一种检验都是具有局限性的。有鉴于此，制定一种成功的组合交易策略是不容易的，要面临的问题会更多。

当然，不是每笔交易都会成功，Gateway Computer就是一个例子。该公司的ACSI分值为78（在同行业中排名前20%且高于国家平均水平），所以于2000年8月21日购买了这支股票，而该公司的ACSI于2001年8月20日跌出前20%，

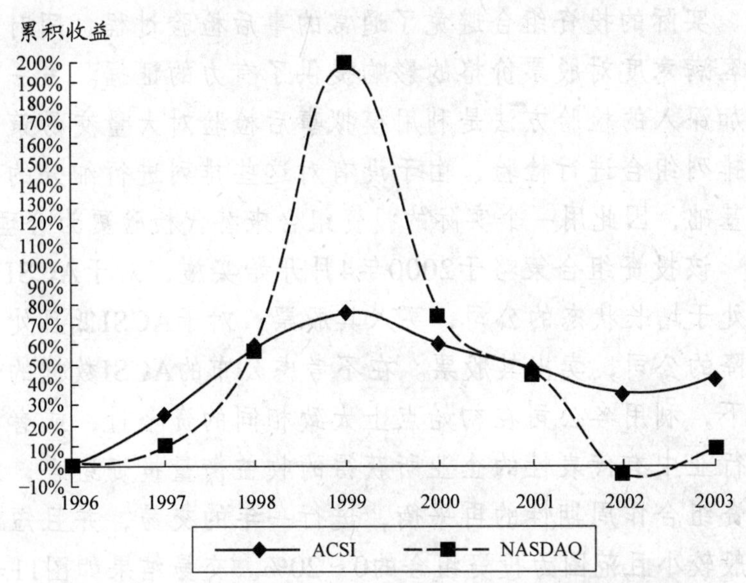


**图11-3　1997～2003年ACSI与NASDAQ年累积收益对比**

所以股票被卖出。在此期间，随着顾客对个人电脑需求的急剧下降，它的股价下跌了84%。正如早期所讨论的，使投资失败的原因很多。例如，如果市场的需求发生变化，高顾客满意度也无法排除市场对股票价格的影响，只能将衰退减弱到一定程度。但这并不意味着投资组合是无效的，如果投资组合的规模很大，负面的行业动荡会被其他赢利的交易平衡掉。在一定范围内，Gateway在一个时期内所造成的巨大损失被其在另一个时期（1999～2000年）获得的47%的收益以及投资组合中Dell公司在1998～1999年50%的收益、Wal-Mart和Southwest Airlines公司在1998～1999年股票的巨幅增长所弥补。

## 11.4　一个实际的ACSI投资组合策略

本研究的最终目的是要指导实践，而不是简单的“纸上谈兵”。下面就来分析一下实际的基于ACSI制定的一个股票投资组合。

实际的投资组合避免了通常的事后检验过程，同时为顾客满意度对股票价格的影响提供了有力的证据。另一种更加深入的检验方法是利用模拟事后检验对大量交易策略的排列组合进行检验，由于没有对这些排列进行细分的理论基础，因此用一个实际的投资组合来替代检验更为合理。

该投资组合策略于2000年4月开始实施，对于ACSI高且处于增长状态的公司，买入其股票；对于ACSI低且处于下降的公司，卖出其股票。在不考虑公布的ACSI数据的情况下，利用各公司在初始点上大致相同的资金量，或者利用行业中有代表性的企业所获得的收益衡量投资组合，对投资组合作周期性的再平衡，进行一年的交易，并且短线一般较小且范围为投资组合的0～20%。交易结果如图11-4所示。

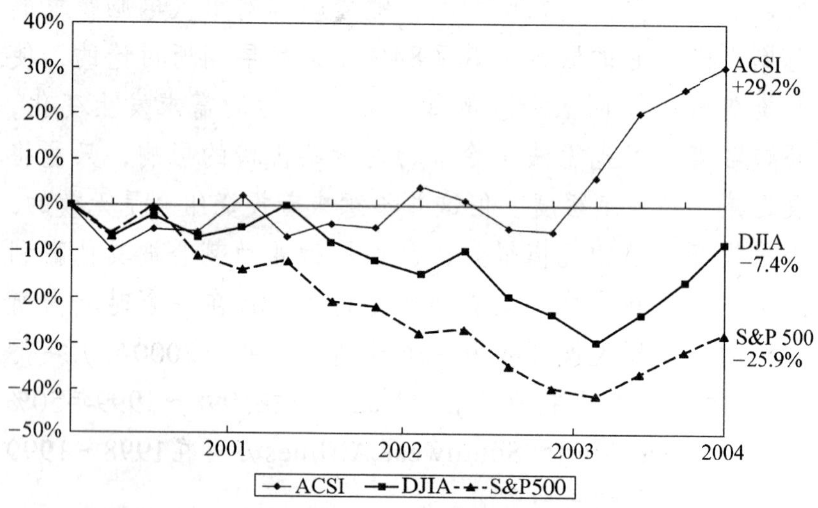


**图11-4　2000～2003年ACSI与DJIA、S&P 500的利润率比较**

假设的投资组合的收益为29%，大于同期的市场收益，同期的道·琼斯指数是-7%，S&P500是-26%。在以年为计算单位的投资组合中，其每年的表现都优于S&P500，ACSI高的公司的股票价格涨得比大盘快，跌得比大盘慢。

当然，仅凭此结论认为市场对高顾客满意度的回报多于对低顾客满意度的惩罚多少有些片面。

## 11.5　总结

通过以上分析可知，虽然顾客满意度信息无法影响股票价格，但是有一点不得不肯定：顾客满意度在收益、利益等方面存在着综合影响的结果，但这不是顾客满意度本身具有的影响力。不断出现的账目丑闻、股市泡沫以及资产平衡表和未来收入间平衡关系的持续减弱等诸多问题，要求投资者必须在顾客满意度及客户关系上投入更多的注意力。管理客户关系的花费及由此产生的现金流是创造价值的基础，如果金融报道包含公司客户关系状况的信息，投资者就会更好地理解公司资产和它创造股东财富能力之间的关系。

毫无疑问，应该建立市场对顾客满意度的更迅速的反应机制。正如分析结果所表明的，顾客满意度对公司的财务状况有显著影响，因此顾客可以先于投资者拥有关于公司未来财务状况的信息。如果投资者更有效地利用资源激励企业去追求高水平的顾客满意度，将会受益无穷，顾客境况将得到显著改善。如果顾客和金融市场的关系更加同步，将会降低资金误配的概率，加快股市泡沫的萎缩，使总体市场机能得以改善。

# 第12章

# 基于顾客投诉管理的防御型市场营销策略

目前很多企业都很关注"顾客投诉"问题，甚至一些企业将顾客投诉数量作为一项衡量满意程度的重要指标。他们试图通过减少顾客投诉来达到进一步扩大市场份额的目标，然而这种方法却不尽如人意。大量分析表明，在受成本约束的条件下，扩大市场份额、降低营销费用最有效的做法反而是将来自于不满意顾客的投诉数量最大化。这听起来似乎不可思议，与我们的常规想法截然不同，其中的奥秘在哪里？

简单来讲，产生这种结果的一个主要原因就在于：防御型市场营销策略（例如对顾客投诉的处理）与进攻型市场营销策略（例如广告）相比，可以减少成本，进而降低总市场营销费用。据调查，即使对投诉顾客的补偿超过了产品的边际利润，其所带来的费用节约也足以抵消补偿投诉客户的额外成本。

研究的具体思路如下。

首先分析防御型市场营销策略（例如留住不满意顾客）是如何对公司的市场份额和利润产生实质性影响的，以及是如何降低进攻型市场营销成本的。进而，通过数学模型对上述分析的结果进行验证，模型建立的指导原则就是防止现有的或者新的竞争对手夺走公司的业务。

模型的建立以购买行为发生变化的假设为基础，而这种购买行为的变化主要是由顾客不满引起的。为了简单起见，我们先以双垄断（市场被两家卖主垄断的局面）市场的情况为基础建立模型，对以下三种情况进行分析：①两家公司都没有积极地鼓励不满意顾客投诉；②只有一家公司通过顾客投诉管理的形式采用防御型市场营销策略；③两家公司都采取了同样的防御型市场营销策略。在此基础上，再把这种分析延伸到$n$家公司，可以发现顾客投诉管理可以扩大公司的市场份额，同时也可以减少进攻型市场营销的费用。并且，利用一些公布的数据对这种影响作出解释，并对模型应用的限制条件进行讨论和总结。

## 12.1　进攻型营销策略与防御型营销策略

市场营销学注重争取新顾客，通过创造新的品牌来鼓励顾客更换现有的产品品牌，增加购买频率。相对于防御型策略而言，这些都是具有进攻性的措施。面临着不断增强的竞争、日益成熟的产业结构以及趋于紧缩的市场空间，进攻型策略的目标越来越难以实现。发掘新顾客的成本可能远远高于留住现有顾客的成本，因为低增长率和市场的激烈竞争日渐成为很多行业共同的特点。因此防御型的营销策略变得更加重要。防御型的营销策略并不是试图获得新的顾客或者品牌创新，而是考虑减少顾客流失和品牌变更的频率。其目标是通过在竞争中保证产品质量和保持市场份额来使顾客流失最小化（或者说达到顾客保持率最大化）。

目前对防御型营销策略的理论与实践研究除了在品牌忠诚度方面外，在其他领域的研究相当有限。Hauser和Shugan等人建立了一个标准化的模型。该模型描述了一个公司如何根据现存的品牌状况来调节营销支出，从而巩固其市场地位以防御新的竞争品牌入市。本章的研究方法本质上与Hauser和Shugan提出的方法相似，但是这里是将这种方法应用于检验进攻型和防御型营销策略之间的相互作用，以此来制定营销策略，使市场份额和利润不仅得到保持，而且不断增长。Hauser和Shugan把防御型营销策略定义为原有品牌对新的竞争品牌投放市场的反应。这里将防御型策略的概念更加普遍化，不只是针对有新竞争者出现的情况。这一点很重要，因为在停滞的或者逐渐萎缩的产业里，不太可能吸引新企业的加入，因此防御型策略在此就显得特别具有吸引力。

## 12.2 基本假设

许多企业正在积极地寻找各种方法来改善销售状况、提高市场份额。成功的市场策略基本上取决于企业对其顾客流动情况的控制能力。顾客的流动主要包括：①目标市场以外的顾客进入；②更换产品品牌或者消费转移；③顾客从该市场退出；④购买频率的变化。任何一个企业都试图控制这四种顾客流，因为顾客最终决定着企业经济效益的增长、停滞或衰退。

在非增长的市场环境下，竞争中心或多或少围绕着那些不满意的顾客。顾客不满意主要是由于他们觉得在购物或者消费过程中花费的资源没有得到相应的回报，这些资源主要指金钱、时间和精力，而回报是最终所获得的效用。

从顾客不满意这一角度可知：①满意度可以通过增加顾客回报来重新建立（比如给顾客金钱或者给予其他形式的补偿）；②不满意是一个程度的问题，因此它不会导致顾客自动地放弃“有某些缺点”的卖主，由于风险和转移成本的限制，不满意的顾客实际上可能会决定重新购买同一家公司的产品。

防御型营销策略的基本目标是控制顾客的不满意程度，使他们对公司的负面影响最小化。进攻型营销策略（在非增长的市场条件下）的基本目标是吸引竞争对手的不满意顾客。假定顾客不满意某一个品牌，那么他对这个品牌的忠诚度就会相应降低，但是继续购买这个品牌产品的可能性并没有降到零。

实际上顾客选择品牌的过程分为两个阶段。首先，如果对最近购买的产品是满意的，那么顾客就会对此品牌保持忠诚；如果不满意，就会进入第二个阶段，顾客在此阶段会对市场上的所有品牌进行选择，选择的依据是这些品牌在进攻型营销策略中作出的承诺。“非常不满意”会让顾客进入第二阶段，在除了最近购买的品牌之外的所有品牌中进行选择。

经验研究表明，大多数顾客投诉都是有根源的。如在使用产品（包括产品的附加服务）时遇到的问题和一些不满意的地方，可能并不是由产品缺陷或欺骗性的经营活动引起的。实际上，顾客的不满主要是由对产品的无知、误解、过高的期望或者买卖双方意见不一致造成的。因此，假设“留住（至少是一部分）较不满意的顾客是可能的”，是有据可依的。

在停滞的市场条件下，一个企业的不满意顾客为其他竞争企业提供了唯一的发展机会。因此存在这样一些可能性：①消费者可能对该企业的产品不满意；②被其他品牌或企业的广告所吸引，考虑转向其他产品。那么，企业为了防止顾客向竞争品牌转移或者顾客流失，所采取的策略应该是：①识别哪些是不满意的顾客；②说服那些不满意的顾客保持忠诚。

分析表明，为了企业利益最大化应使来自于不满意顾客（服从于一定的成本约束）的投诉数量最大化，而且企业应该对不满意的顾客给予一定数量的超过产品普通贡献率的补偿。这一发现看起来似乎与一般的经营实践活动恰好相反，但通过鼓励并有效地处理顾客投诉，企业可以防范竞争对手的广告侵袭并且降低进攻型营销策略的成本而使市场份额不受损失。

## 12.3 理论依据

Hirschman教授的“退出（exit）—投诉（voice）”理论为我们提供了理论依据。根据Hirschman的理论，管理者发现顾客的不满意会通过两种行为，即“退出”和“投诉”来反馈。“退出”指顾客停止从该公司购买商品；“投诉”是顾客对公司不满的一种表达。

根据传统的微观经济学理论，“退出”是一种能够有力改善市场的机制，当公司不能满足消费者的期望时，顾客就会停止或者转移购买。“退出—投诉”机制引起了竞争企业之间收入的转移并且重新分配市场。例如那些处于困境的企业，如果不改善经营，就要最终被市场淘汰，因此，成功的企业对于顾客的流失是高度敏感的。

如果说“退出”机制是一种经济行为，“投诉”机制则更多地表现为一种政治现象。投诉的顾客不会依赖市场来提高其地位，投诉是顾客的一种努力，力求使公司改变经营方式、规章制度或者产品服务，并且顾客以此来寻求获得某种形式的补偿。在Hirschman的理论中，“退出”本质上是一种对讨厌事情的摆脱，而“投诉”则是一种希望改变的意愿。然而，对竞争中的企业而言，“退出”显然是顾客不满意时的一种主要反应。

Hirschman对“退出”和“投诉”理论的最佳结合作了研究，但是他的结论是这种最佳的结合并不存在。因为无论在“退出”还是在“投诉”中，总存有缺陷，因此，人们不可能找到一种有效的组合使二者长久稳定地结合起来。换句话说，管理者应该努力削弱顾客手中的这两件武器——“退出”和“投诉”，如对于顾客流失比较敏感的企业可以相互合作，获得彼此不满意的顾客。一些分析表明，公司需要使用一些资源来增加顾客投诉，为了理解其中的原因，我们需要对“退出”和“投诉”之间的相互影响进行研究与分析。

根据Hirschman的理论，任何企业都有“警惕性的”和“随意性的”两种顾客。当企业向顾客提供的产品或者服务质量下降时（或者当产品或服务不能达到顾客的期望时），只有前者会采取直接退出的方式，而“随意性的”或者是“没退出的”的顾客就是“投诉”产生的来源。这些没退出的顾客提出投诉，或者推迟退出或者根本就不退出的几率是远远大于零的。“退出”和“投诉”是受市场结构影响的，在垄断力量比较强的市场条件下，由于选择“退出”的可能性比较小，所以“投诉”的程度会比较高。极端的情况是在纯垄断的市场结构中，对顾客来讲别无选择，因此他们根本没有或者只有很小的可能性采取“退出”行为。

“退出”和“投诉”之间的影响可用符号表述。假设$M$顾客中不满意顾客所占比例为$\beta$。在$\beta M$中，其中的（$1-p$）

$\beta M$将会采取退出的方式（例如转向别的品牌、停止购买等）；$p\beta M$的顾客将会提出“投诉”，在$p\beta M$的顾客中，忠诚顾客所占比例为$q$。那么选择“退出”的顾客的数量是：$M[(1-p)+p(1-q)]=\beta M(1-pq)$。假定每一个顾客的所有未来利润的净现值是给定的，那么企业的退出成本与$\beta M(1-pq)$成比例。很显然，企业应该设法防止顾客的退出，因为顾客的退出就意味着直接收入的损失。同样，企业应该鼓励顾客“投诉”。顾客投诉不影响收入，而且通过解决顾客问题能给企业提供改善经营状况的机会。如果企业能够成功地做到这些，那么$q$值将会增加，$\beta M(1-pq)$（退出的顾客数量）将会减少。

任何增加顾客“投诉”和减少“退出”的努力都是需要成本的，因此企业不可能消除所有的“退出”。最佳的鼓励顾客投诉的尺度应该取决于几种力量之间的巧妙平衡，即企业总是试图使顾客保持力$\beta Mpq$最大化（或者使$\beta M(1-pq)$最小），那么就需要确定扣除鼓励顾客投诉的成本和顾客补偿成本之后的利润。

## 12.4 模型建立与分析

在两家公司（继而可以扩展到$n$家）垄断市场的条件下，把所有退出的顾客都纳入到“较不满意”顾客群中，这些顾客从原有公司再次购买的概率和转移到竞争公司购买的概率是相等的，其他的顾客仍对原来的公司保持忠诚。

模型的建立与分析分3个部分：首先对企业不鼓励顾客投诉的情况进行分析，假设企业没有具体的策略或者正式的机制来鼓励顾客投诉和减少顾客流失，这也是我们研究最基础的例子；然后，再考虑有一个企业试图使顾客保持量最大化的情况；最后，考虑所有的企业都采取防御型营销策略的情况，并且考虑最佳的顾客补偿应该在什么水平上。

模型中使用的有关符号定义如表12–1所示。

表12–1　模型中使用的符号

| 符号 | 定义 |
| --- | --- |
| $\beta$ | 成为不满意顾客的比例 |
| $M$ | 顾客数量 |
| $p$ | 提出投诉的不满意顾客的比例 |
| $q$ | 未转向其他品牌的投诉的不满意顾客的比例 |
| $t$ | 时间 |
| $s$ | 市场份额 |
| $A$ | 广告费用 |
| $m$ | 毛利 |
| $c$ | 对投诉顾客的补偿 |
| $n$ | 公司数量 |
| $b$ | 设立投诉管理系统的费用 |
| $v$ | 无效的投诉顾客的比例 |
| $i$ | 调查顾客投诉的平均费用 |
| * | 平衡 |
| – | 稳定状态 |
| ^ | 失衡 |

## 12.4.1　两家公司均不采取防御型营销策略

两家公司均不采取防御型营销策略的情况和目前很多行业的情况相类似，很少有公司愿意增加或者积极地鼓励顾客投诉，反之，顾客投诉被看作是负面的和不希望出现的状况。其中的一个原因是从投诉数量的变化中得出的错误推论，即投诉很少会被作为顾客满意的证据并且受到奖励，而忽视了那些不满意而没有投诉的顾客。

假设市场被公司1和公司2垄断，他们共同向$M$个顾客提供服务。每一个顾客在单位时间内购买一个单位的产品，顾客对一个单位产品不满意的概率是$\beta$，这两家公司在$t$时间内的市场份额分别是$s_1(t)$和$1-s_1(t)=s_2(t)$。为简化起见，假设在一段时期内所有用于推销和拓展市场的费用以$A$表示，并且称之为“广告费用”（尽管大多数的广告和促销活动可能都是为了打开市场，但是有一些也有防御性的目的）。

在这种情况下，如果所有的顾客都处于该市场中，那么市场份额的动态平衡由下列公式表示：

$$s_1(t+1)=(1-\beta)s_1(t)+\beta A_1(t)[A_1(t)+A_2(t)]^{-1} \qquad (12\text{-}1)$$

如果公司的广告费用稳定在$A_1$和$A_2$，那么市场份额将会保持在一个稳定的水平：

$$\bar{s}_1(A_1)=A_1(A_1+A_2)^{-1} \qquad (12\text{-}2)$$

为解释方便，每一个公司都尽量使每个时期的利润最大化，在此状态下求解Nash均衡。那么公司$i$希望下列数值最大：

$$\bar{\prod}(A_i)=m\bar{s}_i(A_i)M-A_i$$
$$i=1,2 \qquad (12\text{-}3)$$

在这里$m$是卖出去的每单位产品的利润。在一般情况下，可以从第一种状况找到均衡的广告费用水平$A_1$和$A_2$，即$A_1^*=A_2^*=Mm/4$。

均衡状态是：

$$s_i(A_i^*)=1/2$$
$$i=1,2 \qquad (12\text{-}4)$$

$$\bar{\prod}(A_i^*)=mM/4$$
$$i=1,2 \qquad (12\text{-}5)$$

均衡情况为：垄断资本家平均分割市场，利润与销售量（$M/2$）和售出的每单位产品的利润（$m$）是成比例的。

## 12.4.2 公司1采取防御型营销策略

假设公司1采用了防御型营销策略，设立顾客事务部门鼓励不满意顾客提出投诉，并且向投诉的顾客提供某种形式的补偿，而公司2仍然没有采用任何防御型策略。用$b$来表示建立的新部门，新部门人员配置及策划新部门运营的成本；用$p$表示决定投诉的不满意顾客的数量；用$c$表示公司付给投诉顾客的平均补偿；并用函数$q(c)$来表示投诉顾客留下来成为忠诚顾客的概率。

公司1的防御型策略如图12-1所示。在前面介绍的符号中，开始的状况（在投诉管理引入之前）有$\beta s_1M$的顾客选择退出，$(1-\beta)s_1M$的顾客留下成为忠诚顾客。为了简单，仅考虑存在顾客满意或不满意两种情况，并且后者将选择退出或者投诉。一旦公司1建立了投诉管理系统，那么顾客将会有更多的选择，他们对公司的影响将会是多方面的。以前，那些不满意的顾客可能会在没有任何投诉的情况下选择退出，但是现在将会有$p$比例的顾客提出投诉。所有投诉的顾客将会从公司得到某种形式的补偿，其结果就有$q(p\beta s_1M)$的顾客会被留住。那么退出的顾客数量现在减少到了（$1-pq$）$\beta s_1M$。

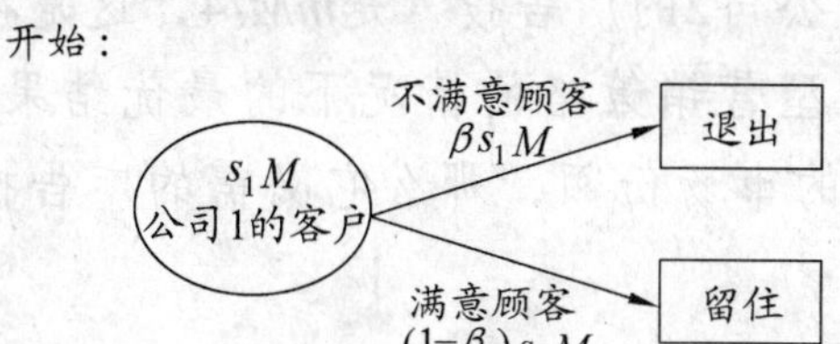


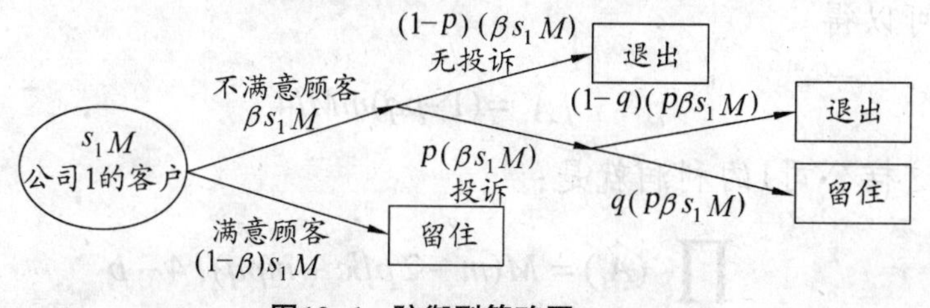


**图12-1　防御型策略图**

在时刻$t$不满意顾客的数量是$M$［$\beta(1-pq)s_1(t-1)+\beta s_2(t-$

1)]。令$s_1=1-s_2$，可以写出市场份额动态变化的公式：

$$s_1(t+1)=\left[1-\beta(1-pq)\right]s_1(t)+\left[\beta(1-pq)s_1(t)+\beta(1-s_1(t))\right]A_1\left[A_1(t)+A_2(t)\right]^{-1} \quad (12-6)$$

新的稳定的市场份额公式为：

$$\bar{s}_1(A_1, c)=A_1[A_1+A_2(1-pq(c))]^{-1} \quad (12-7)$$

$$\bar{s}_2(A_2)=A_2(1-pq(c))[A_1+A_2(1-pq(c))]^{-1} \quad (12-8)$$

公司2的广告效果由于［$1-pq(c)$］的因素而降低了，$pq(c)$表示公司1对投诉的不满意顾客采取有效的补偿，最终留下来的比例。因此公司2的广告只能拉走剩下的比例［$1-pq(c)$］。由此可知，通过抑制退出倾向，投诉管理能够起到防范竞争广告争夺顾客的作用。

如果两个公司的广告投入保持在同样的水平$A$上，那么公司1的市场份额从1/2增加到$A/[A+A(1-pq)]^{-1}=(2-pq)^{-1}$，而公司2只获得了$1-(2-pq)^{-1}=(1-pq)/(2-pq)$的市场份额，或者公司1也能够减少他们的广告投入并且把市场份额维持在1/2上。特别地，假设公司2的广告投入是$mM/4$，这是在两家公司都不采取防御型营销策略的情况下的最优结果，如果公司1想要达到1/2的市场份额，那么它必需的广告投入是$\hat{A}_1$，如下面公式：

$$\hat{A}_1[\hat{A}_1+(1-pq)mM/4]^{-1}=1/2 \quad (12-9)$$

可以得

$$\hat{A}_1=(1-pq)mM/4$$

这样公司1的利润就是：

$$\prod\nolimits_1(\hat{A}_1)=M(m-2p\beta c+mpq)/4-b$$

因此，投诉管理能使它的广告投入小于竞争对手，尽管利润从$m$下降到了（$m-p\beta c$）。

### 12.4.3　两个公司都采取防御型营销策略

现在考察两个公司都采用投诉管理（吸引投诉）的情况，它们分别提供补偿$c_1$和$c_2$。那么市场份额的动态公式是：

$$s_1(t+1)=[1-\beta(1-pq(c_1))]s_1(t)+\left[\beta(1-pq(c_1))s_1(t)+\beta(1-pq(c_2))(1-s_1(t))\right]A_1(t)\left[A_1(t)+A_1(t)\right]^{-1} \quad (12-12)$$

公司1稳定状态的市场份额公式是：

$$\bar{s}_1(A_1,c_1)=\frac{A_1[1-pq(c_2)]}{A_1[1-pq(c_2)]+A_2[1-pq(c_1)]} \quad (12-13)$$

当公司2不能成功地防止投诉顾客转移购买的时候，公司1的市场份额将会增大，最佳的顾客补偿可以超过产品利润率。通过下面公式表示公司$i$的利润：

$$\prod_i (A_i,c_i)=(m-p\beta c_i)\,\bar{s}_i\,(A_i,c_i)M-A_i-b \quad i=1,2 \quad (12-14)$$

进而，广告和补偿程度的均衡点可以从如下一阶条件

$$-\beta+(m-p\beta c^*)A_2^*[A_1^*(1-pq_2^*)+A_2^*(1-pq_1^*)]^{-1}\mathrm{d}q/\mathrm{d}c=0$$

$$(m-p\beta c^*)A_2^*[(1-pq_1^*)(1-pq_2^*)][A_1^*(1-pq_2^*)+A_2^*(1-pq_1^*)]^{-2}-1=0$$

以及这种均衡是对称的这一事实中得出：

$$A_1^*=A_2^*=(m-p\beta c^*)M/4 \quad (12-15)$$

$$c_1^*=c_2^*=m/(\beta p)-[1-pq(c^*)]2/(pq') \quad (12-16)$$

在这里，

$$q' = \frac{\mathrm{d}q}{\mathrm{d}c}$$

所以，

$$s_1^*(A_1^*, c_1^*) = 1/2$$

因此，最佳的补偿水平可能大大超过利润。回顾一下开始的时期，$c^*$表示直到顾客再次投诉（$1/\beta$）之前，他或者她将会做出的购买量乘以单位利润（$m$）的期望值。第二个时期表明了公司应该如何通过边际效益转换补偿成本。再次使用隐函数理论，公式（12−16）表明，在一些具有少数顾客不满意（$\beta$）和产品有高利润（$m$）的案例中，顾客的补偿率应该特别高。

公司消费者事务部的研究表明，大多数公司没有把顾客投诉管理视为发展的机会。反之，顾客投诉管理在公司业务中处于一个相对比较孤立的位置，顾客投诉被看作预示经营不完善的负面信息，所以直接的结果就是顾客投诉成了削减的目标，很多公司都在努力减少顾客投诉的数量。

## 12.5 模型的验证

利用Best和Andreasen等人有关顾客投诉率和消费者对于公司各种产品的反馈意见的研究数据，可得到$p$=0.51，$q$=0.76。应用这些数据，可以发现引入投诉管理的垄断者的市场份额从0.5增加到了0.6。

如果公司想保持市场份额同时降低广告费用，正如在公式（12−9）中所示的，市场份额增加，同时广告费用从$mM/4$降低到（$1-pq$）$mM/4$。在这里是39%。当然市场份额的增加（或者广告费用的降低）并不都是无成本的，总的顾客补偿额是$Ms_1\beta pc$。

平均的顾客补偿可能超过产品的利润，这种假设也同样可得到论证。仍然利用Best和Andreasen的研究数据，他们提供了不满意顾客的估计值$\beta$。通过计算Best和Andreasen调查给出的所有产品种类的数据的平均值，可得到$\beta$=0.102。

为了阐述方便，如果把平均的顾客补偿设为产品利润的两倍，在100万美元的广告预算情况下计算它对利润的影响，均衡状态下的广告费用是$A_i=Mm/4$。如果广告费用是100万美元的话，那么$Mm$的值就是400万美元。带入$p$=0.51，$\beta$=0.102，$s_1$=0.50，$Mm$=400万美元，$c=2m$，可得到的顾客补偿费用是：

（$4 000 000）(0.5)(0.102)(0.51)(2)=$208 080

按照已经给出的结果，广告费用的节约量是（0.39）（$1 000 000）=$390 000。在这个例子中，单方面采用投诉管理的公司通过将其营销费用的21%从进攻转为防御，可以保持现有的市场份额，同时付给顾客丰厚的补偿（两倍于产品毛利），而增加的利润是$390 000−$208 080=$181 920（减去投诉管理的固定成本）。

显然，这里描述的“两家公司垄断市场”在现实中并不存在。然而，这个例子说明了投诉管理的戏剧性影响以及投诉补偿能达到的理想程度。更进一步地，可以考虑在一个产业中当公司数量$n>2$的情况，即将模型延伸到超过两家公司垄断的状况。

## 12.6　总结

从理论上讲，有效的竞争策略应该包含进攻型（得到新顾客）和防御型（留住现有的顾客）两个方面。但在某些实际情况下，二者可能会存在矛盾，不能同时并用，这就要求企业作出正确的策略选择。例如，在低增长的市场条件下，随着行业的成熟和竞争日益激烈，防御型策略将更具吸引力。

在竞争市场环境中，未投诉的不满意顾客更有可能退出。退出意味着收入损失；而投诉意味着成本增加（只在处理投诉和鼓励投诉时）。如果投诉的顾客能够被说服留下来成为忠诚顾客的可能性比较大，那么就应该鼓励投诉，而且现有的数据表明可以通过鼓励顾客投诉来提高顾客忠诚度。

对投诉补偿的金额可以有非常大的空间，补偿额甚至可以超过产品利润率的200%。基本上，补偿额度取决于留住顾客的价值和投诉者留下来的可能性。人们通常会这样认为：由于频繁地购买产品，顾客的价值一定远高于投诉补偿的成本，这就是防御型策略的关键所在，而且即使给顾客投诉的补偿高于产品几倍的利润，也是有利可图的。因此，把目光放在眼前的利益上是不明智的，应该具有长远目光。

经验证据表明：不满意的顾客一旦被说服留下，就会更加忠诚，因而也就变得比以前更有价值，慷慨的补偿更可能使公司获得良好的口碑。但这些结论并不意味着进攻型的营销策略不重要，如果每个竞争公司都采取投诉管理，那么市场份额将依赖于进攻型和防御型营销策略相结合的效果。进攻型和防御型营销策略有很多方面，但目前人们对后者研究很少，主要问题是公司营销力量在现有客户（防御型的策略）和潜在顾客（进攻型的策略）之间的调配。投诉管理作为防御型策略的一部分，不仅可以帮助公司增加市场份额，而且可以降低进攻型营销策略的成本。

# 第13章

# 可持续顾客满意策略——顾客资产管理

率先开展顾客满意度调查的美国汽车制造业的顾客满意率超过90%，然而实际上再次购买相同品牌汽车的顾客只有30%至40%。不少以“服务所有顾客”为宗旨的企业陷入了“满意困境”之中，顾客满意策略似乎并没有为他们带来良好的销售业绩。

学术界开始思考造成顾客满意向利润转化失败的原因，积极探寻能使顾客满意在企业财务利润中得以体现的途径，力求使顾客满意与企业赢利有机结合起来。他们认为企业要真正实现以顾客为中心的经营思想，必须注重顾客的终身价值，把顾客作为企业最重要的资产进行经营，并使其最大化，因此顾客资产管理应运而生。

所谓顾客资产是指企业所有顾客终身价值折现值的总

和。需要企业在对所有顾客进行赢利性分析的基础上，有选择、有区别地服务顾客，不仅仅关注顾客当前的赢利能力，更关心企业将从顾客一生之中获得的贡献流的折现净值。顾客资产管理是对顾客满意策略的拓展，是一种可持续的顾客满意策略，能够帮助企业从“满意困境”中走出来。那么在现代市场环境中，应该如何进行有效的顾客资产管理呢?

## 13.1 顾客资产管理

随着经济行为由制造业和大规模生产向服务和信息交换业的大举转换，现代经济已难以用传统的经济理论和量度方法进行衡量。这并不意味着公司的主要经济目标已经发生了改变，其目标仍然是获得使经济利润最大化的资产，发生变化的是资产的本质和对它们的测量方法。

有形资产，像工厂、设备、投资等，在现代经济中已不再是最为重要的资源。对于大多数企业来说，所谓的无形资产变得越来越有意义，它们甚至比传统的有形资产更具有市场价值。许多重要的无形资产可以巩固和扩大公司的客户关系。对这些资产的有效测量能够实现这些资产和由其带来的收入的有机结合。

传统的会计核算方法没有把客户关系和其他重要的无形资产记录在资产损益表中，所以由此得到的财务报告有可能会曲解公司获利的原因。如果会计核算能把顾客满意度作为一项资产记录在资产损益表中，那么将对公司与其现有顾客之间的关系以及未来获利能力有更为透彻的理解。

事实上，满意的顾客代表了公司的一种真实的、无形的资产。经济资产是指那些能为资产拥有者带来未来现金收入的资产。那么顾客满意如何才能在企业的财务利润上得以体现呢？如果上述想法能够实现，顾客满意将能够对企业的财务收益进行合理的预测。然而，恰当的测量方法是很难获得的。这不仅取决于顾客对产品是否满意，更取决于产品的品质等。这种简化的方法由于大量误差和不稳定性的存在而难以实施。但是，顾客资产管理又恰恰是我们所需要的。它依靠一系列有力度的测量方法，并将这些方法与顾客满意度的测量相结合，能提供以下功能：

①实现以货币计量的形式对顾客资产进行测量；

②对现有状况进行诊断以增加顾客资产；

③成为连接企业运作、规划、员工与顾客资产价值的纽带；

④为企业未来现金流和资产增值进行预测。

顾客资产管理以增加股东价值为目标，采用科学的测量方法，实现了对无形资产的测量与分析。管理者除对新的商业计划或者为其带来销售额和市场份额增长的交易进行评价外，还应对顾客资产的增长情况进行评价，因为这将引导他们获得长期而稳定的股东价值。Sears Roebuck是美国最大的零售商，是实施顾客资产管理的一个典范。1992年，Sears还是一个濒临倒闭的公司，亏损近40亿美元，有114家分店被迫关闭，裁员5万人。而到了1997年，公司扭亏为盈，收入上升到13亿美元，投资者在1992年9月到1997年4月之间的整体回报已达到298%。是什么挽救了Sears公司，使其经营业绩突然好转？最根本的原因是Sears选择了顾客资产管理的途径，通过对服务的关键要素——人力资本的关注，设法实现顾客资产的增值。换言之，Sears使它的员工充分了解每笔与顾客交易的重要程度。结果表明，员工满意度提高5%，可以使顾客满意度提高2%，进而可以带来可测的顾客资产的增长。

## 13.2 可持续的顾客满意战略

为什么称顾客资产管理是一种可持续的顾客满意战略呢？这要从企业的“满意困境”谈起。

促使企业陷入“满意困境”最根本原因有两个：一是企业在实施顾客满意策略时忽视了企业资源的有限性；二是每个顾客对企业的贡献率是不同的。任何一个企业的资源，无论是人力资源或是物力资源，均是有限的，在有限的资源条件下，企业为了满足所有顾客的需要，把更多的资源投在服务一般顾客上，势必会使服务高赢利性顾客的资源减少，从而导致企业利润水平的下滑。正因如此，企业应追求一种可持续的发展战略，将有限的资源有效地加以利用。顾客资产管理恰恰能帮助企业从这种尴尬的处境中解脱出来，它通过提高顾客满意度来提升顾客资产的价值，使企业获取长期稳定的效益，从而可以持续地服务顾客，保持和提升顾客满意度。所以我们将顾客资产管理称为一种可持续的顾客满意战略。

顾客资产管理需要企业从顾客给企业创造价值的角度依据顾客不同的赢利能力把顾客分为高赢利顾客、一般赢利顾客和非赢利顾客(见图13-1)。根据“80/20”法则，企业80%的利润来自20%的顾客，少量的高赢利顾客为企业创造了大量的利润。顾客资产管理提倡企业不应将营销努力平均分摊在每一个顾客身上，而应充分关注重要顾客，将有限的资源用在能为企业创造80%利润的高赢利顾客身上，应采用“向顶级顾客提供顶级服务”的策略提高企业声望，促进积极的口碑宣传，进而增强竞争地位。针对一般赢利顾客，企业应充分挖掘顾客的潜在需要，实施个性化服务，除了提供满足需要的质量之外还要提供顾客满意的质量，以此增强其满意度，提升其赢利能力，培养潜在的高赢利顾客。而应对非赢利顾客的最佳策略是放任自流。

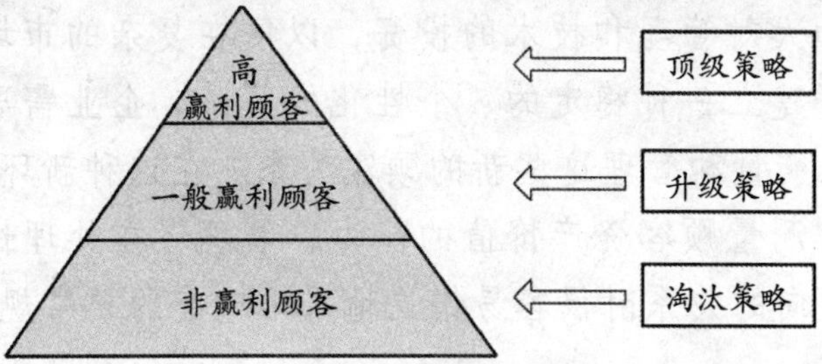

图13-1　顾客层次模型

例如，美国AT&T公司设立顾客服务中心，当顾客呼叫时，服务中心能迅速甄别出顾客类型。根据顾客给企业带来的价值不同，这些系统能迅速地把顾客呼叫转接到不同的服务中心。这样，不同类型顾客的服务标准（如不同顾客呼叫对应的服务时间长度）就不一样。对于高赢利顾客，顾客呼叫的服务时间没有限制，唯一的目标是满足顾客的需要。然而，对于低赢利顾客，目标是使顾客呼叫的服务时间长度最短，降低成本，尽量保持该类型顾客能够赢利。为了不使低赢利顾客感到他们被匆促挂线，公司专门对与该类型顾客打交道的服务代表进行培训，从而使这些顾客感到享受到的仍然是高水准服务。

顾客资产管理提倡在赢利的条件下去满足顾客需要，获得最大的顾客资产，把满足顾客需要和创造企业价值及股东价值放在同等重要的位置，对顾客满意战略进行拓展和提升。企业往往有很多利益方，包括顾客、员工、供应商、中间商和股东，只有建立一个全方位、均衡的企业满意度系统才是一种健康的、可持续的营销观念。

## 13.3　多渠道市场的顾客资产管理

随着信息技术的飞速发展，竞争日益全球化，顾客的选择渠道和选择机会正在不断扩大，这就迫使企业的经营战略必须从单一渠道经营向多渠道经营转变。现在各个企业纷纷加大对管理和技术的投资，以便在复杂的市场环境中与顾客建立一种稳定的、个性化的关系。企业需要更好的方法来衡量和管理这些新的顾客关系。在这种新环境下，如果没有测量顾客资产价值的能力，管理者在处理这些以顾客为导向的关系时很容易错误地采用老套的“常规经营”的方法。

下面要介绍的是一种非传统的多渠道顾客资产管理方法。该方法区别于“常规经营”下的顾客资产管理方法，因为它定义了顾客的多渠道行为，并将这一定义应用于顾客行为的测量和管理中，为多渠道市场环境下以测量为基础的顾客资产管理指明了方向。首先让我们了解一下多渠道市场的特点，在此基础上来探讨多渠道顾客资产的概念，并结合市场细分的知识介绍多渠道顾客资产管理方法及战略改进。

### 13.3.1 从单渠道战略向多渠道战略的转变

众所周知，如今许多营销者开始放弃如单一店铺式或产品目录式的单渠道商业营销模式，进而转向多渠道经营模式，即通过多种渠道向顾客提供信息、产品购买方式、技术支持和售后服务。现在很多企业都建立了自己的网站，并不断扩展其网站的功能，除此以外还积极增加其他渠道（如广告亭、直邮、电话中心等），这进一步推动了多渠道经营模式的发展。

当顾客日益了解和习惯于企业向他们提供的多重经营渠道后，新的顾客需求就随之产生了。这些新的顾客需求主要可归结为以下5种：

①独特性、个性化和定制化的需求；

②社会互动（social interaction）的需求；

③便利性和选择权的需求；

④价值的需求；

⑤更好的决策权的需求。

这些新出现的"混合型"顾客需要更多的对灵活性和选择权的控制，例如可以有选择地获得和使用信息进行购买决策，或者有选择地与公司进行互动交流。那么对于多渠道经营的企业而言，要想满足这些顾客的要求，就必须成为准确、可靠、透明、一致、个性化、定制化、反应迅速的和有见识的供应商。正因如此，在这种市场中取得成功的企业开始了从多重渠道向高度整合的多渠道系统的转变，如图13-2所示。

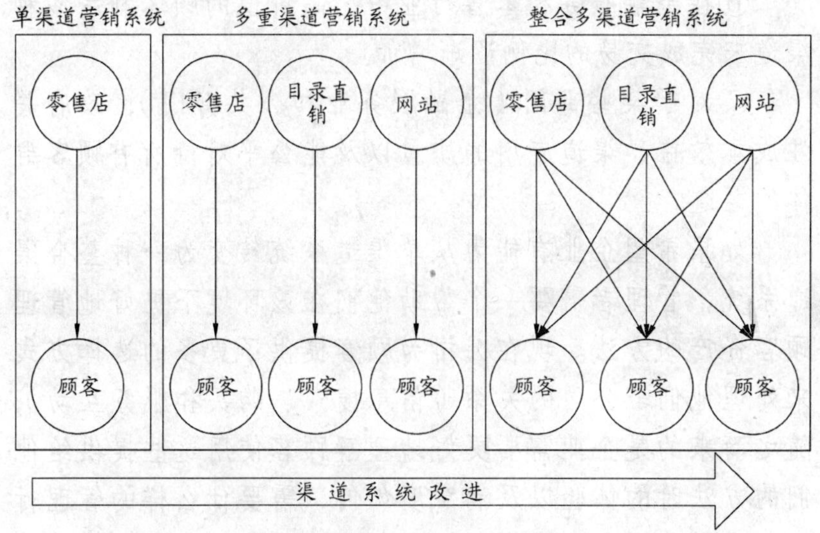


**图13-2　渠道系统改进**

最终是什么因素促使企业的经营管理从片面孤立的思想向整合的观念转变的呢？

①当顾客寻求快捷的24/7（每周7天、每天24小时）便利服务的时候，他们需要更多的选择方式同企业沟通互动。

②维持多重渠道的费用相当高昂，占公司总成本的

40%，但如果能够将多渠道进行整合而不是仅停留在维持层面，那么能更好地迎合高价值顾客的需要，使公司找到最经济的投资领域，获得更高的投资回报率（ROI）。

③由于渠道整合过程和渠道的构造对于竞争对手来说是不可见的，所以具有无法效仿的特性，从而能够为企业创造战略竞争优势。

④从单向的顾客关系管理（CRM）过程到双向"顾客管理关系"（CMR）的逐渐转变。

⑤原来每一条渠道都完成顾客购买周期所需的所有功能，而现在的情况是某些渠道可能更适合某些功能，其结果是以多渠道角色的汇总来完成所有功能。

⑥在金融服务和零售行业中，高价值的顾客利用多种渠道来完成交易的比例逐渐增加。

⑦对于某些部门（金融服务业和公共部门），政府关注成本效益、渠道应用的质量以及能公平对待所有顾客群体的渠道。

如果希望企业有能力从单渠道系统转变为一种整合渠道系统，管理者需要一个帮助他们在该环境下更好地管理顾客资产的方法。现在公司为顾客提供了更多的选择方式来处理他们与公司的关系（信息搜索、购买和服务互动），随之而来的是企业需要更好地理解顾客使用这些提供给他们的方法时的体验以及满意度如何，需要什么样的管理行为以达到最佳绩效。

顾客资产管理（CAM）方法为我们提供了一种满足这些要求的方法。下面就来了解一下CAM方法，以及怎样将其应用于多渠道顾客管理中。

### 13.3.2 多渠道的顾客资产管理系统

CAM是一种以测量为基础的管理过程，它将无形的顾客资产转化为有形的经济收益，即顾客是一种通过不断增加企业现金流量和利润而创造未来价值的无形资产。CAM方法提供了一种多级框架，其焦点是能够给顾客带来最大影响的管理行为和资金来源。

CAM建立在5个基本步骤之上（图13-3）。

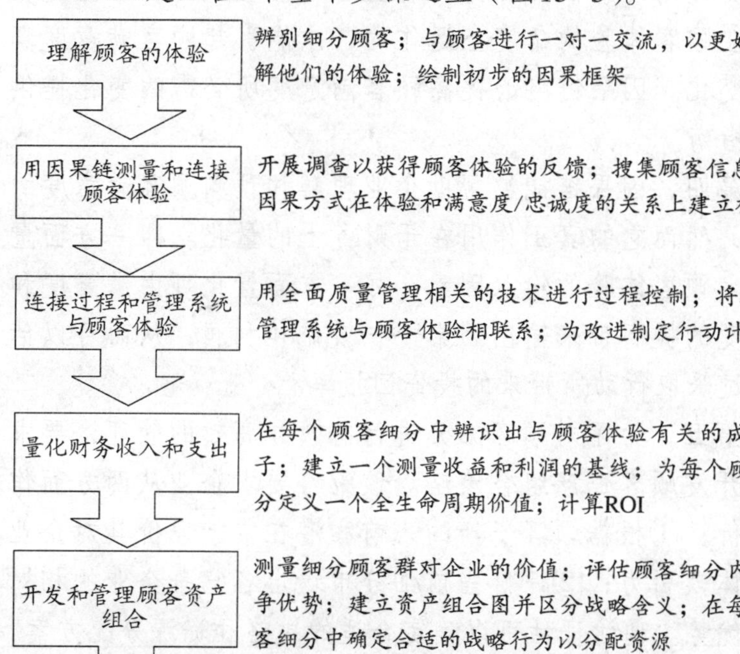


**图13-3　顾客资产管理流程**

第一，通过收集“顾客的声音”了解细分市场上目标顾客对产品或服务的感受。非常重要的一点是，管理者能够清楚地掌握顾客信息、顾客对某种产品和服务的认知、购买行为以及产生这些行为的原因。这一步的关键是对顾客市场的细分。

第二，采用因果链来测量顾客体验，并将它们联系起来。因果链能够完成两个任务：①解释基于顾客体验的各种交互活动（如产品、服务、渠道、价格、品牌等）所反映的顾客满意度和忠诚度行为；②预测由顾客体验变化引起的满意度和忠诚度变化。此模型提供了一种对体验的量化方法，并说明了体验变化对满意度和忠诚度的影响。

第三，将管理系统、管理过程与顾客体验联系起来，然后将行动计划的重点放在那些最可能引起顾客满意度和忠诚度提高的方面。因为只有企业的管理系统、管理过程是站在顾客体验的角度上运作的，才能引起顾客满意度真正的变化。因果链将为提高顾客满意度所必需的变化提供行动指南。

第四，因果链能够帮助企业理解和预测顾客满意度的变化，然而它的真正作用在于财务上的量化。即一方面量化产生顾客体验的输入因素；另一方面量化可由满意度和忠诚度的提高带来输出因素——效益和利润，从而可以估计通过采取行动所带来的投资回报率。

第五，为了对顾客细分进行有效和高效的管理，要求企业开发顾客资产组合策略。该策略要求企业从两方面作出评价：①根据顾客资产的当前和潜在贡献评价其对企业的总体吸引力；②评价当前细分市场上各竞争企业的相对竞争优势。通过评估可以确定合适的战略和资源分配方案。

通过CAM方法，管理焦点将从渠道转向顾客。这意味着整体考虑顾客多渠道体验是有必要的。大量事实表明，顾客在使用多渠道供给时会表现出不同的交互模式（见图13-4、13-5、表13-1）。

图13-4说明，60%以上的顾客通过一种以上的渠道完成交易，其中2/3会转换渠道（即他们在一种渠道中浏览，通过另一种渠道购买）。

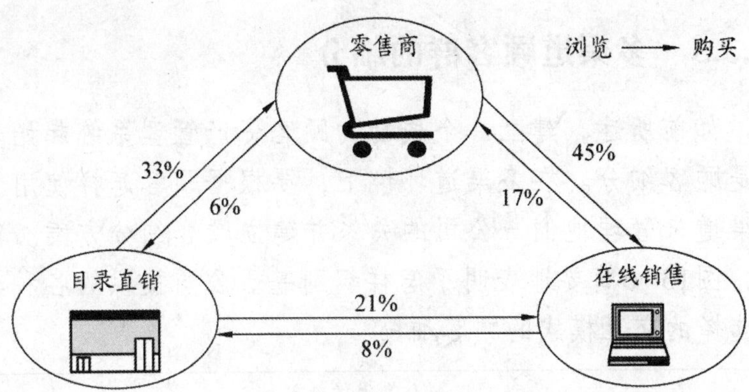


图13-4　多渠道顾客交互活动

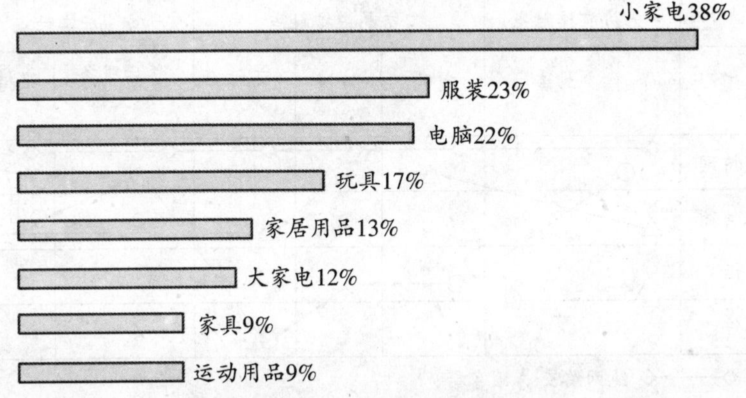


图13-5　搜索和购买行为

2002年美国网络用户在线搜索后在商店中购买的产品

表13-1　多渠道购物习惯

| 2002年美国成人关于家电产品和一般商品的购物习惯（应答者的百分率） | | | | |
|---|---|---|---|---|
| | 计划购买数字电视/高清晰电视 | 计划购买MP3 | 计划购买家庭影院 | 成人总体 |
| 网上搜索在商店购买 | 49% | 62% | 53% | 39% |
| 目录搜索在商店购买 | 38% | 35% | 32% | 32% |
| 目录搜索网上购买 | 14% | 19% | 11% | 13% |
| 网上搜索电话购买 | 17% | 12% | 6% | 12% |
| 商店搜索网上购买 | 16% | 17% | 11% | 10% |

注：*n*=3 000（18岁以上的成人）

来源：Marshall Marketing and Communication for Vertis, July 2002

### 13.3.3 多渠道顾客群的细分

如前所述，建立一个成功的顾客资产管理系统起始步骤是顾客细分。在多渠道环境下，要根据顾客怎样使用各种渠道来管理他们与公司的关系并建立顾客细分方案。例如，图13-6简要地表明了怎样识别基于公司提供的各种渠道选择的交互模式的顾客细分。

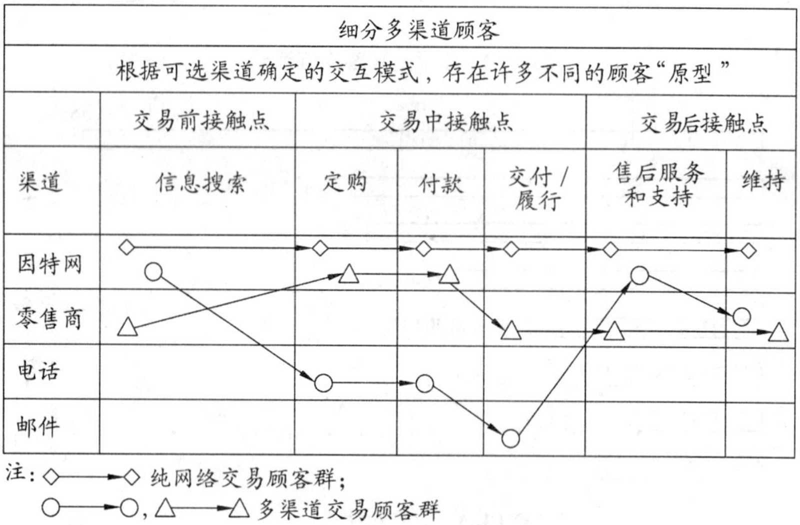

| 细分多渠道顾客 | | | | | | |
|---|---|---|---|---|---|---|
| 根据可选渠道确定的交互模式，存在许多不同的顾客“原型” | | | | | | |
| | 交易前接触点 | 交易中接触点 | | | 交易后接触点 | |
| 渠道 | 信息搜索 | 定购 | 付款 | 交付/履行 | 售后服务和支持 | 维持 |
| 因特网 | ◇ ○ | ◇ △ | ◇ △ | ◇ | ◇ ○ | ◇ |
| 零售商 | △ | | | △ | △ | ○ △ |
| 电话 | | ○ | ○ | | | |
| 邮件 | | | | ○ | | |

注：◇——►◇ 纯网络交易顾客群；
○——►○，△——►△ 多渠道交易顾客群

**图13-6 分辨多渠道细分顾客**

最终的顾客交互模式是一个间接的或直接的接触结构。在管理已存在的商业关系或决定从多渠道供应商购买时，顾客通常使用这种交互模式。顾客可以根据“接触点”分组，他们利用接触点作出购买决定或管理已运作的关系。

顾客对模式的选择可能依赖于一系列心理/理论因素，比如：对技术的熟悉、对多样性和刺激的欲望、对控制和安全的需要、对成本的关心，以及某些增强或限制他们获得多重渠道的能力的社会人口因素。

最常用的渠道是什么呢？这可能因产品市场/部门的不同而不同。这种细分市场的能力在很大程度上依赖于企业数据库发展的相对成熟程度。如果数据库是按渠道划分的，那么这种对顾客的整体细分可能较难执行。

### 13.3.4　管理细分顾客体验——战略改进

如果我们利用满意度调查，知道影响顾客满意度各因素的路径分析结果以后，就可以用来指导每一个多渠道细分市场的战术活动。但是，在这之前，需要建立一个多渠道的顾客资产组合图（如图13-7所示）。此图的目的是强调最具吸引力和能够使企业最具竞争地位的细分顾客群，可以根据他们来制定战略计划。

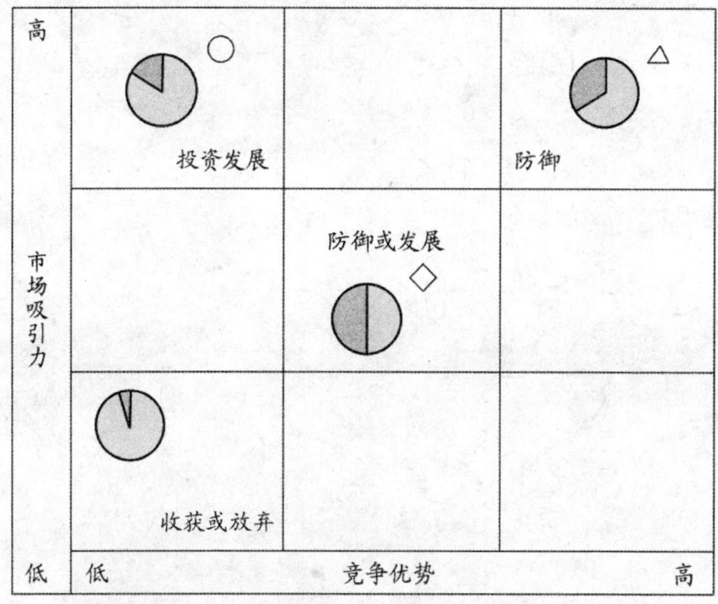


图13-7　战略开发图——多渠道顾客资产组合

注：阴影表示市场份额；◇表示纯网络交易顾客群；
△，○表示多渠道交易顾客群

战略计划进程由下列阶段组成：

①根据市场吸引力（如细分市场收益能力——顾客终生价值）和牢固的竞争地位（如市场份额）建立细分顾客体验的资产组合；

②明确表达每个细分市场的战略含义——哪些是增长目标，哪些是防御目标或收获、放弃目标；

③制定一个与潜在的投资收益率一致的资源分配计划。

# 第14章

# 关于实施顾客满意度策略的几点建议

随着测量顾客满意度所消耗的时间和资源的增加，产生关于这些举措是否值得的疑问毫不奇怪。满意度提高一个分值的财务价值是什么呢？一些研究告诉我们，高水平的顾客满意度能够产生好的商业运作结果。但是，一项调查显示，不到30%的经理人有足够的信心认为企业的顾客满意度水平具有经济价值；只有2%的人称他们能够测量由顾客满意度动因引起的财务影响。那么产生这些现象的根源是什么呢？这也是我们在实施顾客满意度策略时需要注意的几个问题。

## 14.1　明确目的与评价标准

在竞争环境下，顾客满意度对于长期利润率是至关重要的。如果可以选择的话，顾客在其需求或愿望没有得到满足时将不会继续购买该企业的产品，他们会转向其他企业。一个理想的企业，应该衡量顾客和股东双方的利益权重，有效地分配资源，以便使顾客和股东的利益得到持续的提高，并促进满意的顾客成为企业利润的有效来源之一。

任何一个企业均是以长期利益最大化为首要目标的。因此企业首先要明确顾客满意度管理的目的就是通过顾客满意来实现企业的长期利润最大化。在现代市场竞争环境中，想要一直保持竞争优势是非常难的。竞争优势通常来自于良好的顾客基础，并在不断改善各方面条件的过程中使得投资回报率更高。问题就是哪些方面条件的改善对于提高投资回报率更有效，以及如何去实现改善。其次，要明确评价顾客满意度测量和诊断的方法的准则，即方法的优劣取决于其是否有助于企业理解与优化由顾客关系所产生的经济价值。另外，需要注意这样一个事实，我们追求的是经济利润，而非满意度的最大化。总会存在这样一个平衡点，超过这一点时，用于提高顾客满意度的费用的增加将超过其所带来的收入的增加。

## 14.2 选择正确的顾客满意度测量方法

许多企业都有自己的满意度定义，并对影响因素的选取和它们之间关系的确定都各有不同。可能有人会认为，每个顾客都会有不同的满意度影响因素，或者对这些影响因素赋予了不同的权重，所以真正的顾客满意度需要很多定制化的测量方法。我们不推荐这种做法，因为任何一个定制化的测量方法都可能使企业间的满意度和绩效关系变得模糊，结果就造成了满意度的测量失去了经济意义。事实上，一个企业顾客满意度分值与其利润之间缺乏联系可能就是由于使用不当的满意度测量方法所致。

目前，一些企业采用传统的市场调查方法，询问顾客最关注的问题。这种提问方式或多或少有敷衍了事的意味，而且这种问题不能帮助企业获得有关如何提高顾客满意度以及长期利润最大化的信息。也有些企业错误地认为满意是一个简单的二元概念，仅向顾客询问是否满意就可以了解满意度的本质。所以他们将顾客按照满意和不满意两类进行区分，通常以百分比的形式表示。这种方法不但粗糙而且不能提供任何可靠和有效的动态信息。这也是导致许多企业在寻求质量与顾客满意度之间的关系、顾客满意度与利润之间的关系中失败的原因。也许到达理想点的最佳途径就是将满意度作为一种等同于智力因素的概念来考虑，因为二者均是多维的间接变量。对智力的测量仅通过一个问题（如你是笨的还是聪明的？）是无法获得有用信息的，只通过一个问题判断一个人的智力（或一种调查）也是不合理的。同样，想通过一个问题获得全部满意度的信息也是不合理的。

除了有必要提出多重问题之外，满意度与智力一样，还涉及一个程度问题。如果仅仅将满意度进行广泛的分类，就无法将满意度与利润联系起来。因此，应该将顾客满意度作为一个程度指标来考虑，用几个连续的（10分制）变量表示。进一步，即使采用最佳测评尺度，在数据分析中也可能充满了困难。例如，一些企业通过对一系列质量问题作因子分析，并赋予相应的权重，最终的指数是对问题的所有相关方面进行加权而得到的。但是如果对于某一特殊的属性有更多的问题，这个属性在最终的指数中的地位就会被歪曲。事实上，质量内部的一些相关因素与顾客的重复购买行为或顾客保持率价值没有太大的联系。换言之，由于经济变量、重复购买和价格承受力变量没有作为评价标准包括在因素分析中，所以这种指数存在一定的偏颇。

从可行性考虑，一个统计指标必须要建立在更多的相关指标上（例如重复购买或支付意愿）。

正确而恰当的顾客满意度测量方法，如ACSI，是一个标准的方法，可以作为比较的基准。ACSI采用一个因果关系系统，个性化地对待系统中的每一个元素（如质量、满意度、利润）。它能将质量对顾客满意度的影响、顾客满意度对经济利润的影响进行量化，进而使管理者能根据这些信息进行资源的有效分配。

满意度测量方法的发展有助于我们将满意度同经济绩效联系起来，为企业提供有关服务水平、质量以及顾客满意度对企业利润影响的量化信息，帮助企业在运营、服务、质量等方面进行有益的改进。

在采用恰当的、标准化的顾客满意度测量方法时，除能更好地将顾客满意度与经济利润相联系，同时也可实现企业间、行业间以及国家间顾客满意情况的横向与纵向比较。

## 14.3 标准化测量步骤

目前，许多公司在测量顾客满意度时对测量的步骤尚不明确，而是根据自己的意愿和实际情况对测量的步骤进行随意的删减。当然这并不意味着所有的顾客满意度的测量都要遵循一个统一的步骤，但有几个基本的步骤缺一不可。即便选择了恰当的测量方法，但如果测量的步骤不合理，也可能导致最终结果毫无意义。

因此为了使测量结果具有更高的可靠性、有效性和包容性，顾客满意度的测量应基于以下4个步骤：

①二次研究；

②管理者访谈；

③定性的客户调查；

④定量研究。

**1. 二次研究**

许多公司对二次研究的必要性提出疑问，他们认为作这种大量的二次研究是没有意义的，这种反复的研究并不能产生比以往更多的有用信息。而且，企业不能从中受益的另一个原因是每个调查的重点是不同的：一些研究侧重于顾客忠诚度，另一些则侧重于顾客对个体商店的态度，还有一些研究把重点放在顾客的店内购物行为上。

二次研究的目的就是要把前期作过的研究进行总结，从而最大限度地利用已有的信息，为新的研究打下基础。

**2. 管理者访谈**

与企业相关领域的一些管理者进行访谈，对于信息的集成也是至关重要的，因为这些信息此时可能处于一种隔离状态。这些访谈能够提供以下帮助：

①掌握顾客群的异质性；

②从管理者的角度获得企业当前的相关问题；

③得到有关竞争环境的真实信息；

④设计与顾客进行深入访谈的定性的访谈向导；

⑤确定模型中对业绩测量的表达形式。

**3. 定性的客户调查**

在过去的几年里，企业逐步认识到通过与客户进行交谈而了解一些突出的客户问题是非常必要的。但是，用以准确地、深入地掌握这些问题的技术尚未成熟。定性的一对一的客户访谈方式，采取了独特的访谈设计，可以很好地揭示出两个相关问题，一个是来自管理人员的，另一个是来自于顾客的。如果不进行这种访谈，顾客的意见、关注点以及需求对管理者而言将是未知的。

即使管理层有能力预测出大部分影响顾客满意度的显著因素和问题，但如果访谈结构或内容过于呆板，顾客不能很好地表述，会导致相当一部分信息无法获得。而且，当管理者在与顾客讨论此类问题时，由于问题的重要程度、问题的各个方面已被管理者进行了准确的定义，所以管理者可能并没有注意到顾客所使用的语言。

调查可以结合当前的一些心理学技术，其研究的效果和范围都超出了普通的研究方法。主要有以下几项技术。

（1）一对一访谈

在某些情况下这种交流方式会起到一定的作用，特别是当群体中只有一两个强势声音，而其他人均采取服从的态度时。这种情况会导致群体里不发表意见的人的信息在很大程度上被曲解。尽管有时为了避免这种结果，让被关注群体在会议上采取“轮流”发言的交流方式，但他们还是会在会议中产生一种很微妙的压力，非常有价值的信息可能就因为交谈形式的不当而流失了。

（2）开放式、半结构化访谈方式

这种方法可以就议题中涉及的二次研究和管理者访谈方面的问题向顾客提问，在交流过程中还会留给每个顾客机会，让其讨论印象中最好的品牌方面的话题，从而识别那些可能未被觉察的重要因素。

（3）比喻和叙述性的说明

要给顾客提供机会，让他们通过讲故事或者是比喻描述的方法，把他们的经历讲述出来。同时还要积极地对新的有价值的信息进行鉴别。如果我们采用新的社会心理学的研究方法，通过给顾客提供更适合沟通的交流方式，顾客就能放松下来甚至感觉像和一个朋友在聊天。一个有技巧的交流方式可以使回答者把精力集中在话题本身，并且不断地回忆那些对管理者和其他人都非常有价值的经历。同样地，如果只是简单地问“为什么”喜欢或者不喜欢这些方面的问题，顾客很难表达出有关购买决策的真实想法。

因此，应该采用一种与顾客具体的购买行为相关的话题进行分别探讨的方法。

对访谈的记录与转录能够确保获得分析的可靠性与有效性。依靠一种心理学分析方法——“窄透镜方法”，可以对一些显著因素进行定义和分类，并且在后续模型中，对所有的相关信息进行重新分组，最终可以最大化从交谈者那里获得的信息。

这种定性分析使我们能对一个假定的顾客满意度模型进行说明，并且将每一个因素的属性用顾客的语言保留并确定下来。接下来，开发出一套基于“顾客声音”的调查表，以确保从中所收集的信息符合调查意图。

**4. 定量研究**

最终，假定模型的效果与精度将在定量研究中给予证明。要掌握我们的模型需要对以下3点有更好的理解：

①对重要性、有效性和效果的估计；

②对派生的重要性的估计；

③因果方程——线性结构关系分析（LISREL）、偏最小二乘等。

我们的目的是在对顾客满意度的测量过程中鉴别出那些对满意度、利润、顾客保持率和企业最终的财务业绩影响最大的因素。也就是说，如果某一因素得到改善，那么它对顾客满意度的影响是多大呢？相应地，顾客保持和财务业绩又将发生怎样的变化呢？在评价方法中，最重要的一个标准是该方法是否能量化影响的程度。

## 14.4　不可忽略顾客满意度的时滞性

由于顾客满意度的经济效益可能不会在近期变为利润，所以这一项始终没有出现在传统会计项目中。顾客满意度的提高可能产生3类影响：①改善顾客的感觉；②得到即时的财务影响，如更多的销售额；③长期的财务影响，如增加下一年的销售额。由于最后一类影响可能是最显著的，所以总体影响存在滞后效应，那么当前满意度和利润之间的相关性就可能被扭曲。

另外，对产品是否满意并不仅仅取决于产品本身，因为人们对满意的判断是一个比较的过程，通常是在使用了几种同类产品之后，通过比较才能判断出哪一个产品最令其满意。因此，这就使重复购买产生了一定的周期性，相应地这种周期性同样使利润产生了滞后效应。而且在生产与消费的很多环节上都存在这种滞后性，它们把顾客满意度所带来的利润逐渐分掉，往往使顾客满意度的实际效益比预测的效益小得多。

因此对顾客满意度的关注切不可只看眼前利益，而应从长远考虑。不可将顾客满意策略作为一种短期的提高利润的最佳途径，这不仅无法达到预期效果，而且会导致管理者对顾客满意度失去信心，走进顾客满意度的误区，从而放弃对顾客满意的追求，最终影响企业的整体营销业绩。企业应该将顾客满意度与产品质量置于同等重要的位置，将其作为提高企业业绩的长远之计，这将使企业终身受益。

## 14.5 切忌对所有顾客“一视同仁”

顾客满意度的测量通常会赋予所有顾客同样的权重，没有考虑他们对企业利润的相对贡献。因此，在提升顾客满意度的努力中，企业采取的行动可能会导致最终利润下降。例如，对于只在商场中购买很少商品的顾客来说，他们希望结账的队伍越短越好。那么为这些顾客设立专门的结账口可能会增加他们的满意度。然而，如果这意味着对于其他顾客来说结账口数目的减少，就可能失去那些带来更多利润的顾客，或者产生“双重打击”，即在增加服务成本的同时，又降低了平均收益。

因此企业应该将顾客资产与顾客满意策略相结合，从顾客给企业创造价值的角度，依据顾客不同的赢利能力把顾客细分为高赢利顾客、一般赢利顾客和非赢利顾客。然后针对细分后的顾客群体，再分别进行顾客满意度的研究。在研究顾客满意度抽取样本时，也应等份地从这些细分顾客群体中抽取，进行统计研究。然后针对不同的顾客群体，根据他们满意度的情况，采取不同的策略。

# 附录1

## 利润函数

利润函数

$$\pi = \alpha\left[(1-\varepsilon)\phi_{s} + \varepsilon\phi_{c}\right]p^{-\beta}\left[p-c\right]-\left[-\delta_{s}\phi_{s} + \frac{\lambda_{s}\phi_{s}^{2}}{2} + \frac{\lambda_{c}\phi_{c}^{2}}{2} + \gamma\phi_{s}\phi_{c}\right]$$

式中：$\alpha$——常数；

$\varepsilon$——定制化质量的相对重要性，$\in$（0,1）；

$\phi_s$——标准化质量水平，$\phi_s>0$；

$\phi_c$——定制化质量水平，$\phi_c>0$；

$\beta$——价格弹性，$\beta>1$；

$p$——价格；

$c$——可变成本常数，$c>0$；

$\delta_s$——标准化质量水平对成本的线性影响，$\delta_s>0$；

$\lambda_s$——标准化质量成本的增长率，$\lambda_s>0$；

$\lambda_c$——定制化质量成本的增长率，$\lambda_c>0$；

$\gamma$——均衡系数，$-\infty<\gamma<\infty$。

$p^*$, $\phi_s$和$\phi_c^*$的表达式如下。

对$p$, $\phi_s$和$\phi_c$求一阶导数：

$$\frac{d\pi}{dp}=-\beta\alpha[(1-\varepsilon)\phi_s+\varepsilon\phi_c]p^{-\beta-1}(p-c)+\alpha[(1-\varepsilon)\phi_s+\varepsilon\phi_c]p^{-\beta}=0 \quad (1)$$

$$\frac{d\pi}{dp}=(1-\varepsilon)\alpha p^{-\beta}(p-c)+\delta_s-\lambda_s\phi_s-\gamma\phi_c=0 \quad (2)$$

$$\frac{d\pi}{d\phi_c}=\varepsilon\alpha p^{-\beta}(p-c)-\lambda_c\phi_c-\gamma\phi_s=0 \quad (3)$$

以上三式联立求解得到式（3-4）~式（3-6）的$p^*$, $\phi_s$和$\phi_c^*$的表达式。

# 附录2

## 命 题 证 明

通过对例子的解释可以得到证明。目的是说明生产率的最佳水平$E^*$和利润率的最佳水平随着标准化效益的增加而增加（$d\pi^*/d\delta_s>0$且$dE^*/d\delta_s>0$），而满意度水平的变化取决于模型参数$\varepsilon$、$\gamma$和$\lambda_s\lambda_c/\gamma^2$的相对大小。

最后，我们将满意度对“标准化质量收益$\delta_s$”求导得到：

$$\frac{\partial s^*}{\partial \delta_s}=\frac{\lambda_c(1-\varepsilon)-\gamma\varepsilon}{\lambda_s\lambda_c-\gamma^2}$$

因此，如果定制化质量对顾客满意度的影响很大（如$\varepsilon\to 1$），“均衡系数”为正（$\gamma>0$），并且提高定制化水平成本相对很高或“很困难”，在这些情况下当标准化成本效益增加（$\delta_s\uparrow$）时，顾客满意度会降低。相反，如果定制化的相对重要性很低（如$\varepsilon\to 0$），顾客满意度就会增加。

同时，生产率会随着标准化效益的增加而提高：

$$\frac{\partial s^*}{\partial \delta_s}=\frac{1}{\left(D^*c+FC^*\right)^2}\left\{\frac{\alpha p^{*-\beta+1}[\lambda_c(1-\varepsilon)-\gamma\varepsilon]}{\lambda_s\lambda_c-\gamma^2}(D^*c+FC^*)-\right.$$

$$\left.\left[\frac{\alpha p^{*-\beta}[\lambda_c(1-\varepsilon)-\gamma\varepsilon]c-\delta_s\lambda_c}{\lambda_s\lambda_c-\gamma^2}\right]\left(D^*p\right)\right\}$$

$$=\frac{\alpha p^{*-\beta+1}}{\left(D^*c+FC^*\right)^2}\left\{\frac{\lambda_c(1-\varepsilon)-\gamma\varepsilon}{\lambda_s\lambda_c-\gamma^2}FC^*+\right.$$

$$\left.\left(\frac{\delta_s\lambda_c}{\lambda_s\lambda_c-\gamma^2}\right)[(1-\varepsilon)\phi_s^*+\varepsilon\phi_c^*]\right\}$$

$$=\frac{\alpha p^{*-\beta+1}}{2\left(D^*c+FC^*\right)^2}\left\{\phi_s^*\left[2FC^*+\delta_s\left(\frac{\delta_s\lambda_c}{\lambda_s\lambda_c-\gamma^2}\right)\right]+\right.$$

$$\left.\left(\frac{\delta_s\lambda_c}{\lambda_s\lambda_c-\gamma^2}\right)[(1-\varepsilon)\phi_s^*+\varepsilon\phi_c^*]\right\}>0$$

如果所有二阶条件都符合，并且需求$D^*$和固定成本$FC^*$都大于零，上面的不等式成立。

最后，利润率在任何情况下都随标准化效益的增加而增加：

$$\frac{\partial \pi^*}{\partial \delta_s}=\frac{\alpha p^{*-\beta}(p^*-c)[\lambda_c(1-\varepsilon)-\gamma\varepsilon]+\delta_s\lambda_c}{\lambda_c\lambda_s-\gamma}=\phi_s^*>0$$

# 附录3

## 托宾 *q* 值法

对股东价值的衡量需要一种对企业经济价值的长期衡量方法，这种方法应具有预见性和连续性，还应在众多不同行业的企业间具有普遍性和可比性，以便能够为实证检验提供一个理论合理的经济模型。

以往对企业绩效的研究大部分都依靠会计基准衡量方法，例如投资回报率（ROI）或资产回报率（ROA）。还有一些采用直接尺度进行衡量的研究方法，如销售额、价格或成本。但是这些方法的共同点是没有或很少涉及有关企业未来价值的信息。由于会计实务在行业及企业之间存在差异，衡量结果无法实现跨行业或企业间的对比。

像ROI和ROA这样的衡量指标的一个优点是它们在企业间（至少是同行业企业间）具有较强的可比性。但是这些方法只能代表会计利润，而我们所关注的是经济利润。

ROI假定过去的投资只影响当前时期的收入，但事实上它们也会影响未来的收入。因此，ROI可以呈现过去的收益，但却不是一个具有预见性的衡量指标。另外，ROI很容易受到会计惯例和税收法律的影响，而且它比资本市场数据更易于被人为操控。

在考虑以资本市场为基础的企业绩效衡量方法的过程中，企业的股票价格在传统上被看作企业未来财务业绩的关键性基础，可以作为一种简单的备选方法。根据有效市场理论，股票价格结合了未来预期收益的全部信息，因此股票价格可以作为企业长期绩效和价值的衡量方法，并且具有预见性和连续性的特点。但是，企业的股票价格水平没有一个共同基准可以供企业之间进行比较，更无法实现行业之间的比较。

托宾$q$值是一种具有预见性的、以资本市场为基础的企业价值衡量方法。一家企业的$q$值是该企业的市场价值与其现有资产重置成本的比值。从直观上来说，重置成本（$q$式的分母）是改变企业资产用途的一种逻辑上的衡量方法。如果一家企业所创造的市场价值大于其资产重置成本，就可以说它的资源利用效率较高，并因此引起了股东价值的增长。而没能产生增量价值的企业的$q$值将等于1。$q$值是以企业的股票价格为基础的，因此与ROI这类用于衡量历史财务业绩的方法相比，它是一种以企业未来预期绩效为基础的更具有预见性的方法。

作为衡量企业经济效益的方法，托宾$q$值得到了广泛的认可。它所基于的假设是：在确定企业价值的时候，证券市场有效地评估了企业的预期未来收益。它完成了风险调整，并且不受会计惯例的影响，这使其在不同行业的企业间具有可比性。正如Montgomery和Wernerfelt所指出的："由于结合了资本市场数据和会计数据，$q$值无疑应用了正确的风险调整贴现率，引入了均衡报酬并将失真降至最低。”

McFarland利用蒙特卡罗模拟法（Monte Carlo Simulation）将$q$和ROI的实际构成价值分别与其各自的估计值进行对比。虽然结果显示这两种方法都可以用于衡量收益，但是$q$的估计值比会计收益率的平均误差更小。他还发现，与ROI相比，$q$的估计值与真实值之间具有更高的平均相关性，并且在衡量绩效的计量经济模型中更胜一筹。这项研究的结论表明，Tobin's $q$是比ROI更好的衡量方法。

回顾产业组织学和金融经济学方面的实证文献，可以发现$q$值得到了越来越多的应用，其中比较重要的方面包括分析产业结构和经济租金、多元化经营对企业绩效的影响、多国化在股东价值产生和消亡中的作用，以及信息技术资源对企业未来增长潜力的贡献。在市场营销学中，Tobin's $q$被用于衡量品牌资产的价值。

Tobin's $q$的Chung和Pruitt近似算法如下。

$$q=\frac{(\text{股票市场价值}+\text{债务账面价值})}{\text{总资产}}$$

$$=\frac{(\text{每股价格}\times\text{已发行股票数目}+\text{优先股总价值}+\text{长期债务}+\text{短期债务})}{\text{总资产}}$$

说明：

① 首先获得ACSI样本中上市企业（国内和国外）的CUSIP（美国证券库斯普号码，辨认所有美国股票及注册债券的编号）。

② 股票价格和优先股价格来自于CRSP数据库。

③ 长期债务余额、短期债务余额和总资产数据来自于COMPUSTAT数据库。

# 参考文献

[1] BARBARA EVERITT-BRYANT, CLAES FORNELL, JAESUNG CHA. Customer satisfaction what happened? Working Papers (Faculty), University of Michigan Business School, 1998: 1-20.

[2] CLAES FORNELL, FRED L BOOKSTEIN. Two structural equation models: LISREL and PLS applied to consumer exit-voice theory. Journal of Marketing Research, 1982, 19(4): 440-452.

[3] CLAES FORNELL, ROBERT A WESTBROOK. The vicious circle of consumer complaints. Journal of Marketing, 1984, 48(3).

[4] CLAES FORNELL, BIRGER WERNERFELT. Defensive marketing strategy by customer complaint management: a theoretical analysis. Journal of Marketing Research, 1987, 24(11): 337-346.

[5] CLAES FORNELL, BIRGER WERNERFELT. A model for customer complaint management. Marketing Science, 1988, 7(3): 287-299.

[6] CLAES FORNELL, RHEE BYONG-DUK, YI YOUJAE. Direct regression, reverse regression, and covariance structure analysis. Marketing Letters, 1991, l2 (3): 309-320.

[7] CLAES FORNELL. A national customer satisfaction barometer: the Swedish experience. Journal of Marketing, 1992, 56(1): 6-21.

[8] CLAES FORNELL, MICHAEL D JOHNSON. Differentiation as a basis for explaining customer satisfaction across industries. Journal of Economic Psychology, 1993, 14(4): 681-697.

[9] CLAES FORNELL, DONALD R LEHMANN. Customer satisfaction, market share, and profitability: findings from Sweden. Journal of Marketing, 1994, 58(7): 53-66.

[10] CLAES FORNELL. The quality of economic output:

empirical generalizations about its distribution and relationship to market share. Marketing Science, 1995 Part 2 of 2, 14(3): 203-211.

[11] CLAES FORNELL, MICHAEL D JOHNSON, EUGENE W ANDERSON, JAESUNG CHA, BARBARA E BRYANT. The American customer satisfaction index: nature, purpose, and findings. Journal of Marketing, 1996,60(8): 7-18.

[12] CLAES FORNELL . Boost stock performance, nation's economy. Quality Progress, 2003, 36(2): 25-31.

[13] CFI. Customer satisfaction methodology: a summary of key issues. [2003-10-15]. http: //www.cfigroup.com.

[14] DANIEL R DENISON, CLAES FORNELL. Modeling distance structures in consumer research: scale versus order in validity assessment. Journal of Consumer Research, 1990, 16 (4): 479-490.

[15] EUGENE W ANDERSON, CLAES FORNELL, ROLAND T RUST. Customer satisfaction, productivity, and profitability: differences between goods and services. Marketing Science, 1997,16:124-145.

[16] EUGENE W ANDERSON, CLAES FORNELL. Foundations of the American customer satisfaction index. Total Quality Management, 2000, 11(9): 869-882.

[17] EUGENE W ANDERSON, CLAES FORNELL, SANAL K MAZVANCHERY. Customer satisfaction and shareholder value. Journal of Marketing, 2004,68(10): 172-185.

[18] GEORGE M ZINKHAN, CLAES FORNELL. A test of two consumer response scales in advertising. Journal of Marketing Research, 1985, 22(4): 447-452.

[19] GERARD J TELLIS, CLAES FORNELL. The relationship between advertising and product quality over the product life cycle: a contingency theory. Journal of Marketing Research, 1988, 25(1): 64-71.

[20] MICHAEL D JOHNSON, CLAES FORNELL. The nature and

methodological implications of the cognitive representation of products. Journal of Consumer Research, 1987, 14(2): 214-228.

[21] MICHAEL D JOHNSON, CLAES FORNELL. A framework for comparing customer satisfaction across individuals and product categories. Journal of Economic Psychology, 1991, 12(2): 267-287.

[22] MICHAEL D JOHNSON, DONALD R LEHMANN, CLAES FORNELL, DANIAL R HOME. Attribute abstraction, feature-dimensionality, and the scaling of product similarities. International Journal of Research in Marketing, 1992, 9 (2): 131-147.

[23] MICHAEL D JOHNSON, GEORG NADER, CLAES FORNELL. Expectations, perceived performance, and customer satisfaction for a complex service: the case of bank loans. Journal of Economic Psychology , 1996, 17(4):163-182.

[24] RICHARD P BAGOZZI, CLAES FORNELL. Consistency criteria and unidimensionality: an attempt at clarification. Advances in Consumer Research, 1989, 16(1): 321-325.

[25] RUSS MERZ. A customer asset management approach to the multi-channel marketplace. [2004-7-15]. http: //www.cfigroup.com.

[26] SUNIL MITHAS, M S KRISHNAN, CLAES FORNELL. Why do customer relationship management applications affect customer satisfaction? Journal of Marketing, 2005, 69 (4): 201-209.

[27] WILLIAM T ROBINSON, CLAES FORNELL. Sources of market pioneer advantages in consumer goods industries. Journal of Marketing Research, 1985, 22(3): 305-317.

[28] WILLIAM T ROBINSON, CLAES FORNELL, MARY SULLIVAN. Are market pioneers intrinsically stronger than later entrants? Strategic Management Journal, 1992, 13(8): 609-624.